ビビリ投資家が考えた、買ったら永遠に売らない株投資法

ぱる出版

はじめに

みなさんは「**寿スピリッツ**」〈2222〉https://www.kotobukispirits.co.jp という会社をご存知でしょうか。おそらく、初めて耳にしたという方が多いことと思います。

私はこの会社の株をかれこれ8年間、保有しています。

振り返ればあっという間の8年間でしたが、そのあいだ一度も株を売ろうと考えたことはありません。そしてこれからも、よほどのことがないかぎり永遠に保有していくつもりでいます。

寿スピリッツは、お菓子の会社です。正確には、お菓子の会社をたくさん傘下に抱えた純粋持株会社です。傘下の会社はそれぞれお菓子をつくり、直営店舗にて販売したり、各種販売店等に卸したりしています。しかもただのお菓子ではありません。寿スピリッツグループが手がけているのは「プレミアムギフトスイーツ」です。

プレミアムギフトスイーツとは、ハレの日や贈答、土産など、特別な需要に応えるための高級菓子のことです。

それらはすべてプレミアムの名にふさわしく、美味しさと品質に徹底的にこだわった独創性のあるお菓子となっています。特別な日の特別なお菓子ですので、コンビニやスーパーで買うことはできません。駅や空港、商業施設内の店舗、路面店、あるいはネット通販にて購入することができます。

私は**この会社が大好き**です。どれくらい好きかというと、この会社のお菓子の箱の包装紙を使って文庫サイズのブックカバーを手作りしてしまうほど大好きなのです。我ながら変な人だと思います。

このように大好きな会社ですから当然株も保有していますし、ありがたいことに儲けさせてもらってもいます。

なぜこんなことをお話しするのか。当然ですが、けっして自慢したいわけではありません。知名度もそれほど高くなく、事業内容も地味で目立たないこの会社の株式をなぜ私は購入することに決め、そして今でも売らずに保有し続けているのか。その理由と、決断の背景にある考え方、そして実際に会社をピックアップ、分析し、購入の決断に至るまでの具体的な方法を読者のみなさんにぜひ知っていただきたかったからです。

みなさんがその考え方を身につけ、ご自身で賢明な投資判断が下せるようになれば、経済的により大きな成功を収めることができます。そして情緒面、あるいは社会面においてもより豊かな生活を実現できることと思います。

そのために少しでもお役に立てればという思いでお話しさせて頂いています。

投資対象企業の見つけ方や、見つけた企業の具体的な分析方法については第二部で詳しくお話するつもりですので、まずは第一部で株式投資というものに対する先入観や誤解を解きほぐしていただき、**偏見を排したまっすぐな姿勢**でみなさんが株式投資に取り組むことができるよう、カギとなる考え方をいくつかお伝えしていきたいと思います。

考え方などよりも、とりあえず具体的な方法を知りたいという読者は、第一部をとばして第二部から読み始めていただいても問題ありません。

でも今後、より成熟した投資家として結果を出し、生きていくためにも、後からでも構わないので、ぜひ第一部も読んでいただければと思います。

『ビビリ投資家が考えた、買ったら永遠に売らない株投資法』　もくじ

第一部　基礎編

第1章　株式投資はこんなにも誤解されている！

第2章　株式市場って、本当はこんなところなんです

第3章　買ったら永遠に売らない株投資法という最強の武器

第二部　実践編

第4章　STEP1　スクリーニングで企業をピックアップしよう

第一部　基礎編

第１章

株式投資は
こんなにも誤解されている！

カリスマデイトレーダー

みなさんはおそらく、デイトレという言葉を耳にしたことがあると思います。

1日のうちに何度も株式を買ったり売ったりして利益を狙うのがデイトレ（デイトレードの略）であり、そのデイトレを行う人たちのことを**デイトレーダー**と呼びます。

デイトレでコンスタントに利益を上げ続けることは至難の技ですが、デイトレーダーのなかには（きわめて少数ですが）それを達成している人たちがいます。さらにそのなかの一握りの人たちは莫大な利益をあげていて、そんな彼らはカリスマデイトレーダーと呼ばれ、各種メディアや書籍で取り上げられ、世の中に対して大きな発信力と影響力を持っています。

リアルタイムの株価チャートを映し出したたくさんのモニターの前に腰を下ろす。どんな些細なサインも見逃さないように、神経を集中させ、視野の隅々まで目を凝らす。ＳＮＳもフル活用だ。

「今日、ツイッターで話題になっている銘柄はどれだ？」

「みんなが上がると思っている銘柄はどれだ？」

目を皿にしてタイムラインを追う。アドレナリンが湧き出てくる。

トレードに成功すればお金が増えるが、もし失敗すれば減ってしまう。一瞬の判断が勝負の分かれ目になる。大きなプレッシャーのなかで、何度も売買を繰り返す。

「落ち着け、おれはやれる！　おれは凄腕だ！」

プレッシャーと戦いながら、自分に言い聞かせる。

トレードが成功し、お金が増えればおおいに結構。よし、うまくいった。気分は上々だ。しかし失敗してお金が減ってしまったら最低だ。やっちまった。ちきしょう。何としてでも次のトレードで取り返さなければ。

彼らは日々こんなことを繰り返しています。さぞや消耗することでしょう。

お金が増えることへの期待と、減ってしまうことへの恐怖とのあいだで、感情を激しく揺さぶられ続けるのです。そんなプレッシャーにさらされながら、来る日も来る日もそれを繰り返していくのです。

うまくいけば大金持ちになれるかもしれません。でも、失敗して全財産を失ってしまう可能性もあります。プレッシャーに押しつぶされ、心身ともに疲弊してしまうかもしれません。たとえ運良く大金持ちになったとしても、その次のトレードで大損してしまうかもしれません。

こういったプレッシャーは、デイトレーダーとして生きていくかぎりなくなることはありません。デイトレーダーという生き方に、**平穏という言葉はない**のです。

こんな過酷な環境で必死に戦っているデイトレーダーたちはすごいと思います。でも、このような生き方は私には到底できそうにありませんし、またするつもりもありません。そしてそれは私だけでなく、この本を手に取ってくださったみなさんも同じではないでしょうか。

自分の大切なお金を失ってしまうかもしれない恐怖と対峙し続けていくのは、並大抵のことではありません。ましてやその恐怖を乗り越えて結果を出し続けるなど、ふつうの神経の持ち主では望むべくもありません。

なにより、時には大きく資産が増えるかもしれないけれど、翌日にはそれを失っているかもしれないというような起伏の激しい調子では、私たちの多くが持つ目標（時間をかけて資産を着実に増やし、より豊かな生活を送ること）はとても達成できそうにありません。

老後の備えや、趣味の充実、アーリーリタイアを目指す等、その目的は違えども、人生をより豊かに生きるために着実に資産を形成していきたいと考えている人たちにとって、株式のデイトレードは賢い選択だとはとても言えないのです。

私たちに必要なのは、何かもっと他のものです。そう、たとえばもっと穏やかで、社会にも貢献することができ、しかも充実感まで得られる方法です。

私たちにとって本当に賢い選択とは、デイトレードではなく**まっとうな株式投資**なのです。

ところが困ったことに、このふたつの違いをきちんと理解している人は少なく、それどころか、多くの人がどちらも大して違わないと思っているというのが現実なのです。

実際、株式投資と聞くとデイトレのことをイメージするという人は多いようです。でも、株式投資＝デイトレードではけっしてないのです。

「投資」と「投機」のちがい

ある行動をとり、成功すればお金が増え、失敗すればお金が減る。たったそれだけのものを投資とは呼ばないはずです。それは投資ではなく**「投機」または「ギャンブル」**と呼ぶほうがふさわしいでしょう。それはたとえば、カジノのルーレットと同じようなものです。

自分の賭けた場所にボールが落ちればお金が増える。違う場所に落ちればお金を失う。

赤か、黒か。10番か、7番か。大きく賭けるか、少額で様子を見るか。

よし、決めた、赤の7番に全部だ！

ルーレットが回り出す。ボールのゆくえを固唾を飲んで見守る。

さぁこい！　当たれ！

そこには、お金が増えるか減るか、それ以外の要素はありません。くるくる回るルーレットを必死の思いで見つめること自体が楽しかったり、そうすること自体が幸せだったりするのではありません。お金が増えるかもしれないから楽しいのです。

お金が増えることもなく、減ることもないとしたら、必死の思いでルーレットが回るのを見つめ続ける物好きもいないでしょう。人をルーレットに駆り立てるものは、うまくやればお金が増える、ということへの期待、それのみです。

デイトレも同じで、値上がりすることだけを期待して株式を購入している以上、本質的にはルーレット（つまりはギャンブル）と何ら変わりはありません。デイトレにかぎらず、値上がりすることだけを期待して株式を購入している人はみな同じです。

彼らは、自分の買った株が値上がりすることを願い、そして実際に値上がりすればそれを売って儲けを出すということしか頭にありません。当の本人たちは、自分たちが行っていることは投資だと考えているかもしれませんが、じつのところ、それは投資とは呼びません。それらはみな投機です。つまり、**株式市場において行われるギャンブル**といっていいでしょう。

「投機」が「投資」として伝わっていく

こういった実際には投機であるもの（デイトレや値上がり益のみを目的とした株の売買）が、それらがまるで投資であるかのように世の中に伝わってしまっています。

これには様々な原因があると思われますが、ネットやテレビにおける株式投資に関するニュースもそのひとつだと思います。そこで取り上げられるのは株式投資の投機としての側面ばかりで、その本質的な部分が取り上げられることはまずありません。

誰それが○億円儲けた、どこかのファンドが○億円損した、日経平均が大暴落！　次に爆上げする銘柄は!?　今、この業界が熱い！　等々。

このようなセンセーショナルなタイトルにはインパクトがあり人々の興味を引きつけますし、視聴に結びつきやすいのです。それに比べて、**株式投資の本質に関する情報**というのは、そういったセンセーショナルなニュースと比べるとすごく地味ですし、残念なことに興味を持つ人もずっと少ないのが現実です。ですから当然、視聴率に収益を依存するネットやテレビも、そういったセンセーショナルなニュースを取り上げざるを得なくなってしまいます。

人々への影響力の大きいネットやテレビにおいてすらそのような状況ですから、投資と投機が混同され、その2つがまるで同じものであるかのように人々に伝わってしまうというのは無理もないことです。
多くの人が投資と投機を区別できずに、どちらもギャンブルと同じようなものだと思ってしまう状況はこのようにして生まれています。

ここでひとつ断っておかなければなりませんが、私は投機（ギャンブル）が悪いことだと言うつもりはありません。投機それ自体は違法でもなければ、それを行うことによって誰かに直接の迷惑をかけるというわけでもありません。ただ、ギャンブルは素晴らしいことだといって礼賛し、我が子にもぜひギャンブラーになるようにと勧める親はあまりいないように、世間一般においてはギャンブルに対してはマイナスのイメージのほうが強いと思います。

たとえば、ただの金儲けと聞いて好印象を持つ人は少ないでしょう。なぜならそれは拝金主義だからです。金儲けのための金儲けは人々から好感を持たれることはありませんし、けっして長続きしません。なにより、それは楽しくないはずです。なぜなら、そこには他人や社会へ貢献すること、そしてそこから得られる充実感など、私たちにやりがいや喜びを与えてくれるものが何もないからです。

私はお金儲けは良いことだと心から思っていますが、それはお金儲けを通じて**他人や社会へ貢献しているという**場合にのみ言えることです。
そういった観点からすると、ただお金を増やすことだけを目的に株式を購入し、値段が上がったら売って儲けを出すという行為はギャンブルと大して変わらず、人々からあまり良いイメージを持たれなくて当然だといえます。

このように、投機に対して人々がマイナスのイメージを抱くのには理由があり、大いに解せることであり、そこに何ら問題はないと思うのですが、そのマイナスイメージが投資にまで及んでしまうとなると話は別です。

投資とは本来、きわめて健全でなんら非難されるべきものではなく、より多くの人が行うほど社会は豊かになっていくというものです。

しかしそれが誤って人々に受け取られてしまい、マイナスのイメージを持たれてしまうと、非常に困ったことになってしまいます。

まず、多くの人たちが投資をしないという選択をしてしまい、その人たちが本来であれば享受できたであろう経済的恩恵を自ら放棄してしまうことになります。これはとても残念なことです。

それだけではありません。私たちの暮らすこの社会は、人々がより多く投資するほど**成熟し豊かになっていく**ものですから、もし多くの人が投資をしないという選択をしてしまうと、社会全体にとって大きなダメージとなってしまうのです。

このように日本においては、諸外国に比べて多くの人が株式投資というものに対して負のイメージを持ってしまっているがゆえに、数々の弊害が生まれています。

株式投資は「時間をかけて資産を着実に増やし、より豊かな生活を送る」という目標を実現するうえで**最強の味方**であるにもかかわらず、人々がそのちからを生かしきれていないのです。

日本人は株がきらい⁉

私たち日本人の多くが株式投資というものに対してあまり良い印象を持っていないということを裏付けるようなデータがあります。

資金循環の日米欧比較（２０１９年日本銀行）によると、各国の家計金融資産に占める株式・投資信託投資割合（間接保有を含む）は、アメリカが46・3％、ユーロエリアが27・6％なのに対して、日本は13・9％にすぎません。しかし、これが現金・預金のこととなると先程とは全く逆の結果となっています。

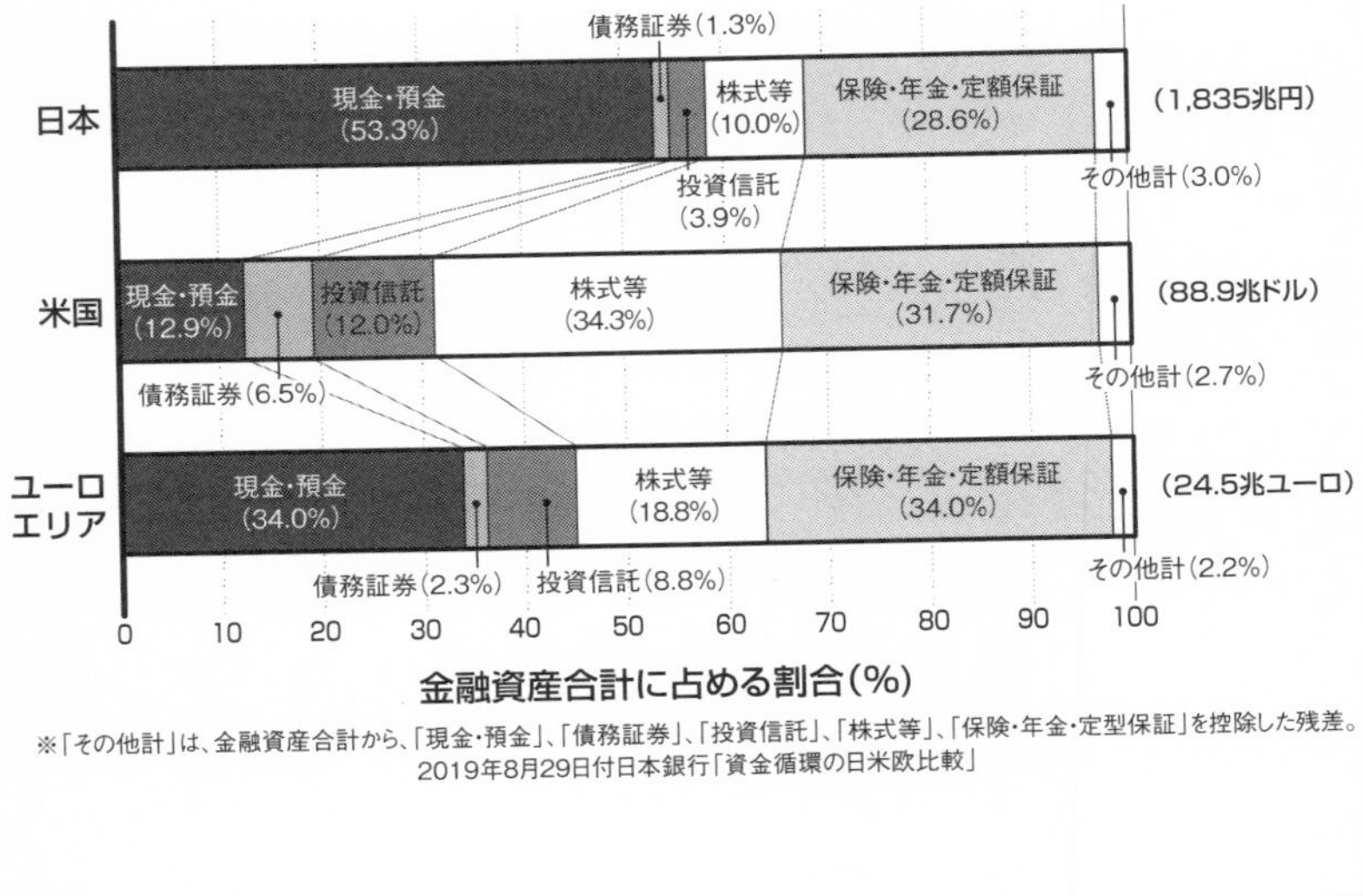

※「その他計」は、金融資産合計から、「現金・預金」、「債務証券」、「投資信託」、「株式等」、「保険・年金・定型保証」を控除した残差。
2019年8月29日付日本銀行「資金循環の日米欧比較」

家計金融資産に占める現金・預金の割合は、アメリカが12・9％、ユーロエリアが34・0％、そして日本はなんと53・3％にものぼっているのです。

これらのデータから読み取れることは、日本人はお金を**現金かもしくは預金というかたちで持つことが大好き**で、株式や投信（間接保有を含む）というかたちで持つことはあまり好きではない、ということです。

株が嫌い、もしくは好きではないから株を持たないのか、それとも、そもそも株についてあまりよく知らないから株を持つ必要性を感じないのか。おそらく、そのどちらも理由としてあるのでしょう。

あまり良い印象がないし、しかもよくわかっていない株というものをわざわざ買うよりは、現金や預金というかたちで持っておくほうが安心できるし、それでいったい何の不都合があるというのか。

ごもっとも。私もそう思います。

私にしても、もし株式投資というものについてあまりよく理解していなくて、株とギャンブルはたいして違わないなどというイメージを持っていたとしたら、おそらく株なんて買っていないでしょう。

「私はお金の亡者ではないし、ギャンブルまがいのことをしてまで儲けようとは思いません。第一、株で損をしたっていう話をそこかしこで耳にするし、自分の大切なお金が減ってしまうのには耐えられない。だから、ノーサンキューです」

このように考えていたかもしれません。

でも、もちろんいまは違います。

みなさんも、次のような話を耳にしたことがありませんか。

・誰それが株で資産を10倍にした。
・上がる株さえ見つけることができれば、金持ちになることができる。
・株は金持ちがやるもので、私たちのような庶民には関係がない。
・なにか特別な情報源を持っていないかぎり、株で勝つことはできない。
・株は大損をする可能性がある。

こういった話を真に受けてしまってはいけません。こういった話は、**株式投資の本質**をきちんと表してはいないからです。語弊を恐れずに言えば、偏見に満ちています。

短期間で資産を何倍にも増やしたり、逆に何分の一に減らしてしまったり、といったギャンブルまがいのことをせずに、株主として永遠ともいえる長期間、優良で真面目な企業の株を保有し続け、その企業の成長とともに、緩やかではあるけれど着実に資産を増やしている人たち（本書ではこのような人たちのことを**まっとうな株式投資家**と呼ぶことにします）は、カリスマデイトレーダーのように目立つことはありませんが、実は私たちの周りにもたくさんいます。実のところ、私たちの住むこの資本主義社会を陰ながら支えているのは、このようなまっとうな株式投資家たちなのです。けっしてカリスマデイトレーダーではないのです。

でも、みなさんはこのことを知らなかったかもしれません。もし知らなかったとしても、それは無理もありません。なぜなら、こと日本においては、まっとうな株式投資家のことをだれも真剣に伝えようとしないからです。ネットもテレビも、株式投資といえば投機・ギャンブルといった観点からしか取り上げません。日経平均が上がった、下がった、お金が増えた、減ったと、人々の興味を引くような、インパクトのある話題ばかりが目につきます。教育現場においても、株式投資や金融リテラシーについてきちんとした知識を得られる機会はきわめて少ないと言わざるを得ず、私たちのお金や株式投資に対する知識はとても限定されたものになりがちなのです。

これは、株主として永遠ともいえる長期間、優良で真面目な企業の株を保有し続け、その企業の成長とともに、緩やかではあるけれど着実に資産を増やしているまっとうな株式投資家たちの動向はあまりに地味すぎて、人々の興味を引くインパクトに欠けるから、というのが大きな理由かもしれません。

たしかに、カリスマデイトレーダーなどと比べると、まっとうな株式投資家の動向は地味です。

ですから、メディア等において取り上げにくいというのはある意味、理解できます。しかし、地味だから伝わらないで済ますわけにはいきません。だって、社会はもっとたくさんのまっとうな株式投資家を必要としているのですから。

バブル経済の功罪

なぜ、株式投資と投機行為がこれほどまでに混同されてしまうのか。そしてなぜ、まっとうな株式投資は少数の人たちだけのものであり続けるのか。

これまでにみてきた理由のほかに、１９８０年代の日本で起きたいわゆるバブル経済もひとつの理由として挙げられるかもしれません。

バブルの増長と、それに伴う投機熱の高まり。そして後のバブル崩壊によって**投機家たちが多大な損害を被った**こと。これらがテレビ・新聞等のマスメディアによってセンセーショナルに喧伝されたことで、世間一般に投資は怖いものというイメージが醸成されてしまったように思います。

当時「財テク」という言葉が流行りました。これは財務テクノロジーの略で、企業や個人が本業以外に株式や債券、土地などに投資し利潤をあげようとすること、とされていますが、実際には人々の間では「お金を使ってお金を増やすこと」といったニュアンスで浸透していきました。つまり、財テク＝マネーゲームといったあまり健全ではないニュアンスで受け取られてしまったのです。

バブル崩壊後、その財テクに精を出していた企業や個人のなかには、株式や債券、あるいは土地といった資産の価格暴落によって大きな損害を抱えてしまった人たちもいました。破産や夜逃げといったニュースが繰り返し報道され、財テク、つまり株などに投資することは怖いことだという印象を強烈に私たち国民の脳裏に植え付けることとなったのです。

実は、株式市場ではバブルは繰り返し発生するものです。バブルというものは洋の東西、古今を問わず株式市場においては不可避のものであり、今後も発生しては崩壊、というサイクルを繰り返していくものなのです。ですから、バブルそのものが良いとか悪いとかではありません。

悪いとすれば、**投機家たちの行きすぎた熱狂**と、それをことさら強調して報道し続けたマスメディアこそが悪かったといえるでしょう。

信じられない話ですが、株価はこのまま下がることなく上がり続けていくという話が大真面目に語られていた時代です。

周りの人たちがみな、株は上がり続けると信じている。そのような状況下では、普段は冷静で理性的な人でも目がくらんでしまいます。自分の周りの人から一人、また一人と株で儲けた話を聞かされるうちに、乗り遅れる前に自分もはやく株を買わなければと焦りはじめます。その結果、買おうとしている企業についてきちんと調べることもなく、ただ上がりそうだから、乗り遅れたくないからという理由だけで株を買い始め、挙げ句の果てには有り金を全部つぎ込んでしまう。

こんなことが日本中で起きていたのです。その後どうなったかは、推して知るべしです。

しかし、同じ時代、同じ熱狂の中で、冷静さを失うことなくまっとうな投資行動を貫いていた人たちもいたのだということを、私たちは知っておかなければなりません。

まっとうな株式投資家たちは、バブル経済の中、実体とかけ離れて上昇していく株価に踊らされることなく、あくまで冷静に行動し、本質的な株式投資から逸脱することがありませんでした。

ですから、バブルの崩壊によって再起不能の痛手を負ってしまうことはありませんでした。もちろん崩壊に伴うダメージはあったとは思いますが、それは時間とともに、企業の業績とともに回復していく類のものであって、彼らにとっては始めから想定済みのことなのです。

彼らは常に**株価ではなくビジネスを見ている**ので、常軌を逸して株価が上昇していくことがあったとしても、浮かれて追随してしまうということはありません。しっかりと企業の業績にフォーカスしており、また株価はいつかは必ず業績に見合ったものに収れんしていくということをしっかり理解しているために、企業の業績さえ順調であれば、たとえ株価が大幅に下落したとしても取り乱してしまうことはありません。

彼らは株券ではなく企業の一部を所有しているのです。

企業を所有できるほどのお金なんて持ってないよ、と言うことなかれ。実は金額の多い少ないは関係ありません。たとえ少額だったとしても、株に投資する際には、その企業の**オーナーになったつもりで**株を所有する、ということがとても大事なのです。

株式とは、ただ値段が上がったり下がったりするだけのものではありません。株式の背後には企業があり、そこで働く人たちがいて、生み出す製品やサービスがあり、その製品やサービスを購入してくれる人たちがいて、それによって企業が収益を上げ、その収益はさらに優れた製品・サービスを生み出すための研究開発や設備投資などに使用され、またそこで働く従業員に還元され、そして最後に株主に還元されることになります。

そして、こういったことを理解したうえで株式を保有するのとそうでないのとでは、雲泥の差があるのです。

ある2人が同じ企業の株式を保有していたとして、一方は株式の何たるかを理解し、一方は理解していないとすると、同じ株式を保有してはいても、実際のところこの2人は全く別のことを行なっているといえます。前者はまっとうな株式投資、後者は投機です。前者は長期のスパンで地に足のついた資産形成を行っており、後者は短期のスパンでギャンブルを行なっています。後者については、成功できる見込みは高いとはいえません。

つまり株式投資において大切なことは、自分がいったい何を保有しているのか、ということをきちんと理解しておくことなのです。

株に関係のない人はいない

幼いころ、家族、親戚、友人など、自分の身近な人たちのなかに株を保有している人がまったくいなかったという人は、読者のみなさんのなかにもおられることでしょう。私もそうでした。私を含めこのような環境下で育った人たちは、生涯、株は自分とは関係がないものと考えて過ごしてしまうことが多いように思います。

周りに株を保有している人がいないものですから、当然、株とはどういうものかについて誰から話を聞く機会もありませんし、株について興味を持つきっかけもありません。どうやら世の中には株というものがあるらしい、ということは分かるのですが、それが一体どういうものなのかは分からないままに大人になっていく。このような人たちはけっして少なくないと思います。

このように株というものに対して馴染みがないままに大人になると、いざ株式投資をしようと考えたとき、はじめの一歩を踏み出すハードルがものすごく高くなってしまいます。

私自身、独学で投資を学んでなんとかそのハードルを乗り越えてきた人間ですから、**株式投資**

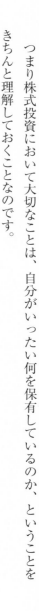

の必要性は感じつつも、その実態がよくわからないからとか、損をしそうで怖いとか、どんな会社の株を買えばいいかわからないとか、その他さまざまな理由ではじめの一歩をなかなか踏み出せない人たちの気持ちはとてもよくわかります。

では なぜ、そのハードルを乗り越え、はじめの一歩を踏み出すことができたのか。

それにはいろいろな要因がありますが、その中でも特に大きかったものをひとつお話ししたいと思います。それは「**株式投資に関係がない人はいない**」ということを知ったこと。このことを知ることで、それまで自分とはあまりなじみのなかった株式投資というものが急に身近に感じられるようになったのです。

株式会社に勤めるということ

株は持っていないけれど株式会社に勤めているという人は多いと思います。

総務省統計局の調査（平成18年）によると、日本にある事業所のうち、個人経営のものを除くとその約81％が株式会社という形態をとっており、そこで働く人の数は従業者総数の実に67・4％にのぼります。日本で働く人のうち、これだけ多くの人々が株式会社に勤務しているのです。

この人たちはみな、たとえ株式を保有していなかったとしても、勤めている会社の株主たちと利害の一部分を共にしているといえます。

考えたくないことですが、もしみなさんの勤める会社が倒産してしまうようなことがあれば、その会社の株主たちが保有している株式はその価値を失ってしまいます。これは当然のことながら株主にとってはとても大きな損害です。いっぽう、会社が倒産してしまったことにより、そこに勤めていたみなさんは職を失ってしまいます。これはみなさんにとってとても大きな損害です。

また、たとえつぶれてしまわなくとも、業績が思わしいものでなければ当然株価は下がるでしょうし、株主にとっては痛手です。いっぽうそこで働く人たちも、人員整理や給与または賞与のカットなどが行われ、不利益を被ることになります。

このように、意識するかしないかは別として、株式会社で働く人たちはみなその会社の株主たちと一定の**リスクを共有**しているのです。

株は値下がりするかもしれないからあぶない、という人がいます。それはその通りかもしれません。でも、それは株を持っていなくても同じことです。株式会社に勤務している以上、たとえそれがどんな大企業だったとしても、ぜったいにつぶれないという保証はありません。日本の雇用環境においても、脱終身雇用、脱年功序列がすすみ、ジョブ型雇用の波が押し寄せています。大企業に就職すれば一生安泰だという時代はすでに過去のものとなりつつありますし、株式に投資せず真面目に会社勤めをしていればリスクはないというのは、残念ながらもはや幻想にすぎません。株式を保有していなければ安全だというわけではないのです。

たとえ株式を保有していなかったとしても、従業員と株主はリスクを共有しています。株主も、そこで働く人たちも、**株式会社というシステム**の一部分なのです。株式会社に勤務することで、それを意識するしないにかかわらず、株式というものにかかわりを持っていることになるのです。

GPIF

では、株式会社に勤めていない人たちはどうなのでしょうか。公務員、個人事業主、年金で生活されている方、専業主婦・主夫、学生など、彼らは株式とは関係がないのでしょうか。どうもそうではなさそうです。

私たちはみな、20歳を超えたら国民年金に加入することになっています。公務員または会社員の人たちは厚生年金に加入しているでしょう。毎月のお給料から天引きされていることと思います。

厚生労働省の公的年金加入状況等調査によると、平成28年10月31日現在の公的年金加入者数は６２４１万人となっています。これだけ多くの人たちが毎月年金保険料を納めているわけですが、自分たちが納めたそのお金がどのように扱われているのか、みなさんはご存じでしょうか。

私たちが納めた年金保険料のうち、年金の支払いなどに充てられなかったものは、将来世代のために積み立てられています。これを年金積立金といいます。

この年金積立金は、厚生労働省所管の「年金積立金管理運用独立行政法人（Government Pension Investment Fund、略してＧＰＩＦ）」という舌を嚙みそうな名前の機関によって、将来世代のために増やすことを目標にして資本市場で運用されているのです。

少子高齢化が進むなか、年金制度を持続可能なものとするために、積立金をそのまま置いておくのではなく、**資本市場で運用**することによって増やし、将来世代への給付が不足したとき、それを補う財源を確保することが目的とされています。

ところで、資本市場で運用とありますが、それは具体的にはどういうことなのでしょうか。じつはここで、株式が登場するのです。

ＧＰＩＦによると、２０２０年12月末現在で運用している年金積立金（私たちが納めた年金保険料が積もりに積もったもの）の総額はなんと１７９兆円にものぼります。世界広しといえども、これほどの巨額を運用している機関投資家（顧客から預かった資金を運用・管理する法人投資家のこと）は他にありません。ＧＰＩＦは世界最大の機関投資家なのです。

そしてＧＰＩＦはその運用資産１７９兆円のうち、おおむね４分の1、つまり約45兆円ものお金を国内の株式に投資しています。外国の株式も含めると、その額はなんと90兆円にものぼります。

ご存じなかったかもしれませんが、みなさんが納めた年金保険料（年金積立金）のうち約半分は、**国内外の株式によって運用**されていたのです（残りの半分は国内外の債券で運用されています）。これは、間接的にではありますが自分のお金が株式投資に使われている、ということを意味しています。つまり、年金保険料を納めている人たちはみな、間接的ではありますが株というものに関係しているということになります。

私たち国民の老後の生活を保障するための大

2020年度末　運用資産別の構成割合
（年金積立金全体）

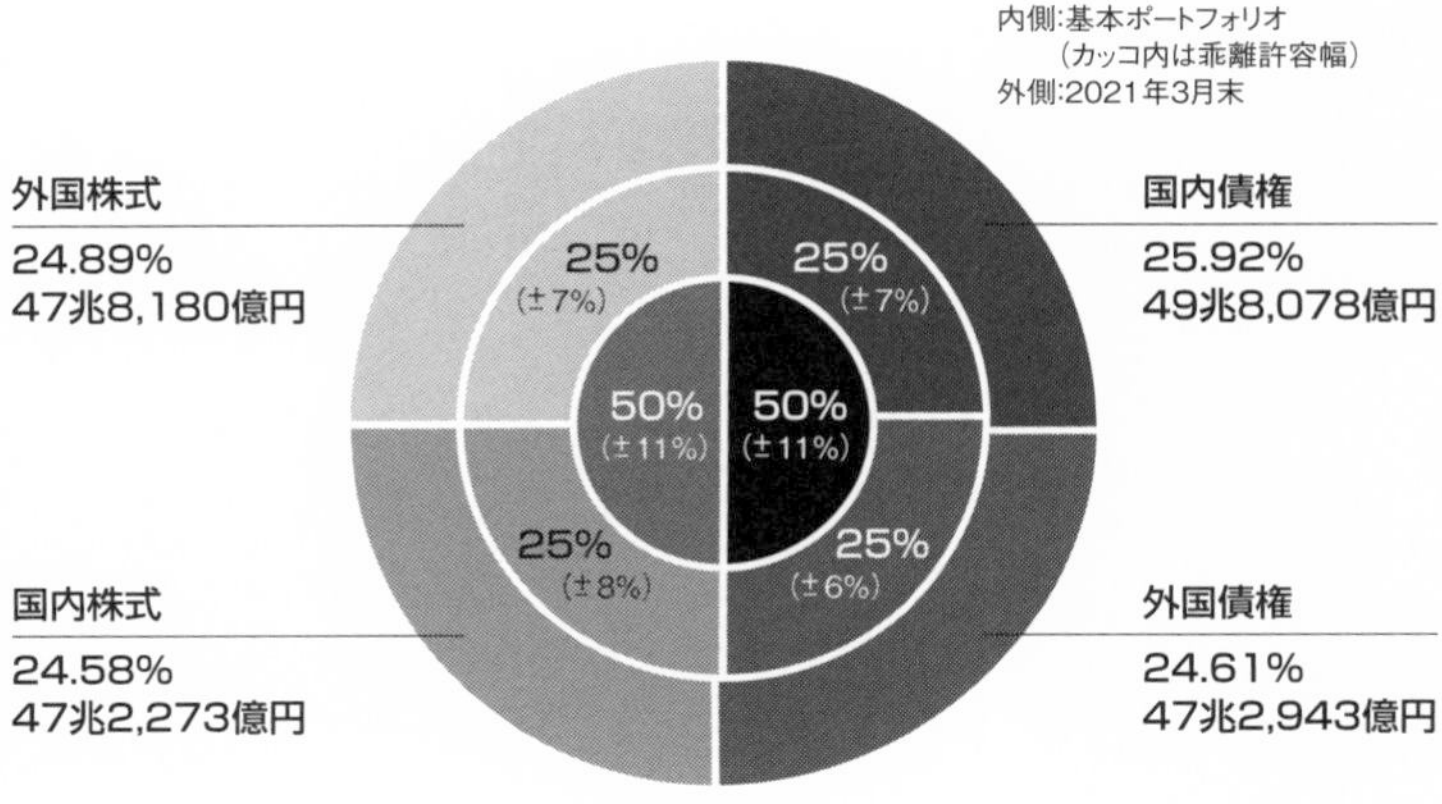

事な年金が、まさか株式で運用されていたとは。株は値下がりするかもしれないから危ない、と思っていた人からすると信じられない話かもしれません。

私も、はじめてそのことを知ったときは驚きました。そして驚くと同時に、「まてよ、こんな大きな、ちゃんとした機関が株式投資という方法を選ぶということは、もしかすると株はそんなに危ないものではないのかもしれない」と思い始めたのです。

思いつくかぎり、もっとも減らしてはいけないもの、減ってしまうと困るもの、それが私たち国民の大事な年金であるはずです。そうであるにもかかわらず、その約半分は株式で運用されている。この事実をよくよく考えてみれば、多くの人が見落としてしまっている大切な真実を学びとることができます。

その大切な真実とはつまり、

『株式投資は、**長期での資産形成に資する**可能性がきわめて高い』

ということです。

多くの人が持っている「株はこわいもの」というイメージとはまったく違った真実だとは思いませんか。もし株式投資が多くの人が考えているように本当にこわいものであるならば、私たちの大切なお金を預かり適切に管理・運用するという責務を負ったＧＰＩＦが株式を保有する理由はどこにもありませんし、むしろ反対されてしかるべきでしょう。

ところが実際には、その**約半分ものお金を株式に投資**している。これはとても興味深い事実であるといえます。

ここで少しみなさんに考えてみてほしいことがあります。みなさんがもし、誰かの大切なお金を預かっていたとして、

①そのお金をけっして減らしてはならない
②そのお金を着実に増やしていかなければならない

という条件があったとしたならば、みなさんはどうされるでしょうか。

おそらく、多くの人は銀行に預けようとするのではないでしょうか。銀行に預けておけばお金が減ってしまうことはありませんし、安心していられるからです。

もしくは国債や社債などの債券を購入されるかもしれません。これも考え方としては銀行預金の場合と似ています。債券は期限がくればほぼ確実に償還され、お金が減ってしまうリスクはとても低いからです。

こういった方法をとれば、たしかにお金を減らしてしまう可能性はほとんどないと思われますから、①の課題はクリアできるかもしれません。でも、②の課題をクリアすることははたして可能でしょうか。どうやら難しそうです。

銀行に預けたり、債券に投資したりすれば、たしかにお金を減らしてしまうことはほとんどないかもしれません。ですが、減らないという点は満たせるものの、増やすことができないという点で問題がでてきてしまいます。

いまのゼロ金利時代（マイナスの場合すらあります！）、銀行に預けたとしても利息にはほとんど期待できないというのが現実かと思われます。０・００１％などといったきわめて低い利率が当たり前のようになっています。

債権についても、国が発行する個人向け国債や優良で信用力のある大企業が発行する社債など、発行主体が破綻してしまう可能性が低く安全なものは、その分金利も低く抑えられているというのが一般的です。個人向け国債変動10年で０・０５～０・０８％程度、社債においては、信用力の目安となるレーティング（格付）で高格付けを得ている企業が発行するもので０・３～０・５％といったところでしょう。これは簡単に言うと、**安全なものはその分金利も低い**ということです。

しかも、国内の債券市場では単利での運用が基本となるため、長期で資産形成を行う場合に最大の武器となる複利の効果（複利については第3章で詳述します）を享受することができません。

仮に１００万円を年率０・５％の単利で運用したとします。これだと元本の１００万円を2倍にするのに、なんと２００年もかかる計算になってしまいます（手数料・税金等は考慮せず）。増えるには増えていますが、資産を2倍にするのに２００年もかかってしまったのでは、とても効率的な資産形成とはいえません。

つまり②の課題に関しては、銀行に預けたり債券に投資したりするだけでは十分ではないといえそうです。

仮にこれを株式で運用したとしたらどうなるでしょうか。30年を超える期間で見たばあい、過去の株式投資による年平均収益率は4～5％程度に収れんしますから、ここでは年率5％の複利で運用したものと仮定してみると、同じく100万円を2倍にするのにかかる期間は15年となります。

200年と、15年。これほどの差となると、ちょっと見過ごすわけにはいかなくなってきます。

もちろんこれは過去のデータから得られる計算結果であり、あくまでも想定に過ぎず、必ずこのような結果を約束するものではありません。ですから、株式投資をすれば必ず15年で資産を倍にすることができるというわけではないことに注意が必要です。ですが、投資する期間を十分に長くとりさえすれば、株式投資は過去一貫して**利益を生み続けてきた**というのは揺るがぬ真実なのです。

つまり、「大切なお金をできるだけ減らさず、長期にわたって着実に増やしていこう」とするばあい、株式投資は**最強の味方**になってくれるということです。

さて、第1章では、多くの人たちが株に対してもっている誤解や偏見を解きながら、株式投資は本当は私たちにとってとても役に立つものであるということをみてきました。

次の第2章では、株式市場について、

・それは実際はどんなところなのか？
・そこではどのようなことが行われているのか？
・私たちは株式市場というものをどのように考えればよいのか？

こういったことをみていきたいと思います。

第２章

株式市場って、本当はこんなところなんです

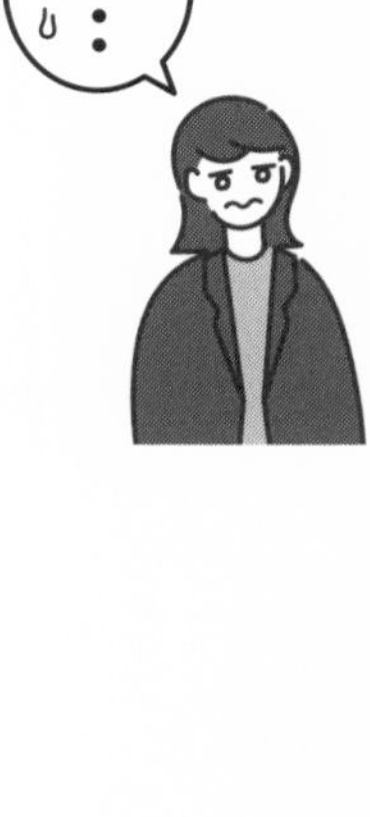

2-1 場立ちからコンピューターへ

そもそも、株式市場とはいったいどんなところなのでしょうか。

株式市場とは簡単に言ってしまえば、株を買いたい人が株を買うところであり、反対に売りたい人が株を売るところです。買いたい人と売りたい人の希望をすり合わせて売買を成立させ、株がある人からある人へ、**スムーズに流通**することを可能にしている場所でもあります。

市場といっても、たとえばお魚の築地市場のように、どこかに本当の場所として存在しているのではありません。

昔は証券取引所の立会場に場立ちと呼ばれる人たちがいて、その人たちが顧客の注文を伝達していた時代もありましたが、株券が電子化されてからはそれもなくなり、通常の株の売買はすべてコンピューター上で行われるようになりました。

私が子どものころはまだ場立ちがいた時代でした。彼らであふれかえった東京証券取引所のフロア、そしてその騒然としたなかで手信号を使って売買のやり取りをする光景がニュースなどでよく映し出されたものです。みなさんの中にもなつかしく思い出される方がいらっしゃるかもしれません。

幼かった私はわけも分からずその光景を眺めていましたが、立会場のその迫力と、大人たちが必死の形相でなにかを叫んだり手信号を繰り出したりする様子がおもしろくて、今でもとても印象に残っています。

「あの人たちは、なにをやっているんだろう？　あんなに必死の様子だから、きっとなにかものすごく重要なことをしているに違いない」

当時の私はそんなふうに考えながら、夕方のニュースを眺めていたものです。

時がたち、自身が投資家となった今では、当時の私が考えていたことはあながち的外れではなかったのかなと思うようになりました。なぜなら彼らは本当に、ものすごく重要なことを行っていたからです。

スムーズな取引の大切さ

第1章でお伝えしてきたように、日本やアメリカ、ユーロエリアなどの資本主義経済のもとでは、まっとうな株式投資を行う人が多ければ多いほど**社会はより成熟し豊かに**なっていきます。

ですから、社会をより豊かにしていくためには、人々がまっとうな株式投資を行いやすくなるようにさまざまな工夫を凝らしたり、また障害となるものをできるだけ排除していく必要があります。

そうしたなかで、たとえばある人が株を買おうと思ったときにスムーズに買えないとしたらどうでしょう。もしくは売りたいと思ったときにスムーズに売れないとしたら？　また買おうと思っていた値段より高い値段で取引が成立してしまったり、逆に売ろうと思っていた値段よりも安い値段で売れてしまったとしたらどうでしょうか。そのような状況では、損をすることを嫌気して取引をしようという人が少なくなってしまうでしょう。

もちろん、取引というものはシビアなものですから、いつでも買いたい値段で買うことができ、売りたい値段で売ることができるというわけではありません。

しかし、だからこそ、市場参加者たちができるだけ買いたい値段で買えるように、また売りたい値段で売れるように、**できるかぎり取引しやすい環境**を整えることが重要になってくるのです。

そのような中、迅速に、しかも最大限顧客の希望に沿った形で取引を成立させようと奮闘していたのが、前出の場立ちと呼ばれる人たちだったというわけです。

幸い、株券の電子化が行われた現在では、場立ちのようなマンパワーに頼ることなく、コンピューターを駆使した様々な技術を用い、取引環境は格段の進化を遂げています。

以前であれば、株を買おうと思ったときには証券会社の営業マンに電話で注文をし、証券会社が顧客に代わってその注文を執行、約定させていたものでした。注文から約定までに人が介在するためコストが高く、そのため顧客が支払う手数料もとても高いものでした。

それと比べ今日では、自宅のパソコンやスマートフォンから簡単に取引することができ、取引手数料も一昔前と比べておどろくほど安くなっています。また注文方法も指値・逆指値・有効期限の指定・ワンクリックでの発注など利便性も非常に高くなっています。

さらに株式投資において大切な情報といった面においても随分と改善されました。

インターネットの進化によって、以前は証券会社や投資銀行等に勤務するいわゆる金融のプロしか手に入れることができなかった情報を、今では私たち個人投資家でも当たり前のように手に入れることができるようになっているのです。

これは、実はすごいことなのです。

パソコン（もしくはスマートフォン）とインターネットさえあれば、だれでも**金融のプロに引けを取らない情報**を得ることができ、さらに取引までできてしまう。

この事実は、私たちのように個人で株式投資を行う人たちにとっての黄金時代がやってきたことを意味しています。

この本を読んでくださっているみなさんのように、株式投資について自分で調べるというほんの少しの労力を厭わない人たちであれば、だれでも満足のいく結果を出すことができる時代がやってきたのです。

株式会社の歴史

株式市場とは株式の売買が行われる場であり、その取引環境は**年々進化を遂げている**ということをみてきました。そしてそのような理由から、今という時代は個人で株式投資を行おうとする人たちにとって素晴らしい時代であるということもみてきました。

それらの事実だけでも十分にみなさんの株式投資への第一歩を後押しする理由になるかもしれませんが、株式市場の歴史を大きなスケールでひも解いていくと、さらに心強い事実が浮かび上がってきます。

世界で最初の株式会社は、１６０２年にオランダで誕生した「オランダ東インド会社」だとされています。

当時のヨーロッパでは、東アジア産の胡椒をはじめとした香辛料がきわめて高値で取引されていました。もしそれらを現地で仕入れ、ヨーロッパに戻ってきて売ることができれば大きな利益を生むことになります。その利益を目論んで数多の船が航海に乗り出そうとしましたが、船自体や船員を用立てするコストは非常に高いものでした。また首尾よく航海に乗り出すことができたとしても、その途上で遭難してしまったり略奪にあってしまったりと、見込める利益と同じようにリスクも非常に高かったのです。

そこでオランダ東インド会社では、航海に出るたびに出資者を募り、無事に船が戻ってきて利益を出すことができたら、その出資単位に応じて配当を分配するという方法を考え出しました。

この方法をとれば、出資を募る側にとっては、細かい出資を数多く集めることにより航海に必要な莫大な資金を調達しやすくなるというメリットがあり、出資する側にとっても、一度に大きすぎるリスクをとることなく相応の利益を見込むことができるというメリットがありました。

そしてこの方法こそが**現在の株式会社の原型**となったとされています。

この仕組みはとてもうまくいったので、株式会社はその後世界中へと広がっていきました。産業革命を経て株式会社はさらに成熟、高度化していき、現在においては資本主義経済をその根底において支える重要な役目を担うまでになっています。

株式会社の成長と経済の成長

株式会社が世界中に広がり発展していったことで、起業家たちが、世の中をより便利にしたり快適にしたりする事業を遂行しやすくなりました。それによって社会がより豊かになり、経済が成長していったのです。

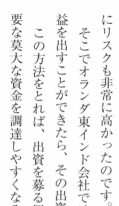

株式会社が株主たちから出資を得ることで事業資金を集め、社会にとって有益な事業を遂行し、より良い製品やサービスを生み出し、それを多くの人が購入する。すると会社は儲かる。会社はその儲けを使ってそこで働く人たちのお給料を増やし、また研究開発や設備投資にもお金を使い、さらによい製品・サービスを生み出していく。お給料が増えた人たちは、より多くの製品・サービスを購入するようになり、さらなる利益を会社にもたらす。すると会社はまたお給料を増やし

……

とてもざっくりですが、経済はこのようなサイクルを経て成長していきます。そしてこのサイクルからもわかる通り、株式会社の成長はそのまま経済全体の成長につながっています。

ここから、株式会社の成長と経済の成長には強い相関関係があるということがわかります。

そして一般的には、株式会社の成長は株価、経済の成長はＧＤＰ（国内総生産）という指標を用いて表されます。

ここでいう株価とは、特定の一社の株価のことを指すのではなく、その国全体として押しなべて見た場合の株価のことであり、それは言い換えれば「その国全体をひとつの株式会社と考えたときの株価」とでもいうべきものです。そしてそれは、**その国を代表する株価指数**を用いて表されます。

まとめると、株価指数とＧＤＰには一方が上昇すればもう一方も上昇するという正の相関関係があるということです。

100年単位で見てみましょう

ここまでくると問題になってくるのはひとつです。つまり、今後もＧＤＰは増えていくのかということ。もしＧＤＰが今後も増えていくことが見込まれるならば、それに伴って株価指数も上昇していくはずであり、私たちが株式を保有しない手はないということになります。

これから日本の、世界のＧＤＰは一体どうなっていくのか。

私たちがどうしても知りたいこの答えは、実は過去にありました。

なんと、１００年を超すとても長い期間で見たばあい、世界各国のＧＤＰは**過去一貫して増え続けて**きているのです。短い期間での多少のアップダウンはあるものの、長期で見た際にはきれいな上昇トレンドを描いて推移してきています。

そしてまた、さきほどお話したＧＤＰと株価指数の相関を裏付けるように、ＧＤＰの増加にともない、世界各国の株価指数もまた一貫して上昇し続けてきているのです。

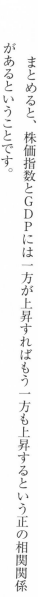

こういった過去の事実をもってして未来はこうなると断定することはけっしてできませんし、またしてはならないことだと思います。

しかし、１００年超にも及ぶ長い期間にわたって世界が一貫して**成長を続けてきた**という心強い事実は、世界はこれからも同じように成長の軌跡を描いていく可能性がきわめて高いということを強く示唆しているように思います。

私は、日本を含む世界が（短期的な浮き沈みはもちろんあることでしょうが）長期的に見ればこれからも着実に成長を続けていくと確信しています。

ですから、短期的な浮き沈みを耐え抜くために必要な長期の展望を胸に抱きつつ、なんの心配もなく淡々と、そして悠々と日本株への投資を続けていくことができます。

2-6 くりかえす市場サイクル

このような長期的な展望をしっかりと持っていることが、短期の荒波を乗り越えていくための力を与えてくれるのですが、もっと具体的な例があれば読者のみなさんもイメージがつかみやすいことと思います。

およそ100年前のアメリカで起こった世界恐慌についてはご存じの方も多いと思います。ブラックサーズデー（暗黒の木曜日・1929年10月24日）を始まりとした未曽有の株価大暴落でした。

このブラックサーズデー当日、ダウ平均株価は12％以上下落しました。これは、100万円持っていたとしたら、たった数時間のうちにそれが88万円に減ってしまったということです。これはかなりショッキングなことだと思います。

しかしそれだけにとどまらず、この日以降の数年間でダウ平均株価はなんと80％以上も下落してしまったのです。これはもう、涙抜きには語れない話となってしまいますが、自分の100万円がたった数年で20万円にまで激減してしまったということです。

これほどの下落に耐えられる人はそうそう多くはないでしょう。事実、当時のアメリカではこの暴落を受けて絶望し、その後二度と立ち直れなかった人たちが続出しました。

これだけでも十分にショッキングな話なのですが、実はもうひとつ、それに輪をかけてショッキングな事実があります。それは、株価の暴落は**これからも必ず起こる**ということ。

じつはこのブラックサーズデーほどではないにしても、世界の株式市場は過去何度も暴落を経験してきました。

ブラックマンデー（暗黒の月曜日・1987年10月19日）、日本のバブル崩壊（1991年）、リーマンショック（2008年）、そして記憶に新しい2020年のコロナショックなど、枚挙に暇がありません。

これらは非常に大きな暴落でしたが、より小規模なものを含めるとその数はさらに多くなるでしょう。

大きな暴落が過去何度も繰り返されてきたというのが株式市場の真の姿であり、株式を長期間保有していこうとする人たちにとって**暴落は避けがたい**ものなのです。

つまり、株式を永遠ともいえる長期間保有していくつもりであれば、暴落を経験することを覚悟のうえで行うということが非常に大切になってくるのです。

明けない夜はない

暴落を前提として株を持つなんて、誰だって嫌にきまっています。自分のお金がみるみるうちに減っていくというのは考えただけでも胃が痛くなるような経験であり、誰しも、できることならそんなものは経験したくはありません。

しかし、まっとうな株式投資家たちはなんの苦労も、胃の痛みも感じずにそれをやってのけてしまいます。

なぜそんなことができるのか。
彼らはちょっと神経がおかしいのでしょうか。
もともとストレスに強く生まれついているのでしょうか。
それとも、誰でもそれができるようになるような秘密でもあるのでしょうか。
じつは、あります。

彼らがなんの苦労もなく、暴落はいつか必ず起こることだと覚悟して株を持っていられるのは、たとえ暴落が起こったとしても、辛抱強く耐え忍ぶことさえできれば**必ず夜は明けるのだと確信**しているからです。つまり、うろたえずにじっと辛抱していれば株価はいつかは回復し、暴落前の値段をこえて上昇していくものだと確信しているのです。

それではなぜ、彼らはそんな確信をもつことができるのか。

それは、過去100年間、200年間を通して、歴史がそのことを証明し続けてきたということを深く理解し、そのことをつねに念頭に置いているからです。

株式市場の歴史を紐解いてみれば、暴落を繰り返しながらも、**時が経てば株価は必ず回復**し、暴落前の値段を上回って上昇を続けていくということを繰り返してきました。

事実、過去最大級の大暴落であった先述の世界恐慌のときでさえも、その25年後には株価は暴落前の水準を回復し、その後は数十倍にも値を上げていったのです。

25年という期間が長いと感じる方もいるかもしれませんが、それはこの世界恐慌が深刻な暴落だったためであり、その他のケースではもっと短い期間で株価は回復しています。25年というのは回復するのにきわめて長い時間を要した非常にまれなケースであると考えて差し支えないでしょう。

株式市場は過去何度も暴落を経験してきたがそのたびに回復し、株価は暴落前の水準をこえて大きく上昇していくということをくり返してきた。

このことは疑いようのない事実であり、そのことを知る者たちにとっては計り知れないパワーを与えてくれるものです。

この事実をしっかりと頭に叩き込み、理解し、確信することができるならば、株価が暴落してもうろたえずにすみ、売らなくてもよいものまで売ってしまうことなく、**株価の回復をじっと待つ**ことができるようになります。そしてその後の株価の上昇を余すところなく享受することができるのです。

このことをしっかりと実行できることがまっとうな株式投資家たちの最大の強みであり、株式投資において成功をもたらす最大の秘訣です。

企業を分析する能力や銘柄選択能力がいくら優れていても、このことをしっかりと実行することができなければ株式投資で持続的な成功を収めることはできません。逆に言えば、企業を分析する能力や銘柄選択能力に自信がなくても、このことさえしっかりと実行することができれば成功できるチャンスは大いにあるということです。

2-8 脳みそではなく、胃

アメリカの投資家・ファンドマネージャーでピーター・リンチという人がいます。

フィデリティインベストメンツという会社に勤務し、マゼランファンドという投資信託の運用責任者であった彼は、その在任期間である13年間を通して平均29％の年間リターンを達成し、母国アメリカをはじめ世界中で伝説の投資家として知られています。

ところで、13年間にわたって平均29％の年間リターンを出すというのがどれほどすごいことなのか、なかなかピンとこないという人も多いと思います。

仮に１００万円を年間リターン29％で13年間運用したとしましょう。当初の１００万円は13年後にはいったいいくらになっているのか。

なんとその額、2739万4680円！

すごいと思いませんか？

なぜこれほどまでにお金が増えるのかというと、ピーター・リンチの叩き出した29％の年間リターンというのが圧倒的にすごいからというのはもちろんなのですが、それ以外に**複利の効果**が効いているからというのが大きな理由としてあります。

この複利の効果については第3章で詳しくお話するつもりですので、今の時点では複利というすごいものがあるということを知っていただければ十分です。

さて、このように圧倒的な結果を残したピーター・リンチですが、彼には多くの著書があり、そのなかで、または講演等において様々な名言を世に送り出しています。そのひとつに「株式投資においてカギとなる器官は脳みそではない。胃だ」というものがあります。ちょっと変な文章ですよね。じつはこれは、「株式投資において頭の良し悪しはあまり関係がない。大事なのは胆力だ」ということを意味しているのですが、それを前者のように滑稽に表現するところが彼なりのユーモアのようです。

それはさておき、これはまさに、前節でお話したことを短く簡潔にまとめたものといえます。企業を分析する能力や銘柄選択能力において特に優れていなくても、暴落は避けられないことだと覚悟を決め、株価が回復するまで**じっと耐え抜く**という胆力を発揮できるのであれば株式投資において成功できるということを述べているのです。

脳みそではなく、胃。みなさんにも覚えておいてほしいと思います。

なぜいま、日本株なのか

私は、日本の未来に大いに希望をもっています。しかし、そのことを人に話すと、たいてい同じようなリアクションが返ってきます。

「少子高齢化がこれからも進み、人口が減り労働力が足りなくなるから日本経済はもう伸びないよ」

「これまで日本はものづくりで強みを発揮してきたけれど、これからは**ハードではなくソフトの**

時代だ。その点において日本は世界から大きく立ち遅れている。バブル期のような好景気はもう訪れないだろう」

「日経平均4万円だって⁉　バカ言ってんじゃないよ、そんなこと起こるわけないじゃないか」

「当初、失われた10年といわれたバブル崩壊後の不景気・デフレ・株安は、その期間がどんどん伸びていき、失われた20年といわれるようになった。ところが20年たっても株価は回復せず、今ではとうとう失われた30年といわれるようになってしまった。あの有名な世界恐慌のときでさえ、25年で株価は回復したというのにだ。これだけ長い株価低迷は世界でも他に類を見ないし、もう日本株はこの低迷から抜け出すことはできないと思うよ」

「人口が減るということは、それだけ物を買う人が少なくなるということだ。製品やサービスを作っても買う人がいないとなると、内需企業は先細りとなっていかざるを得ないだろうね」

「海外ではアップルやフェイスブック、アマゾン、テスラなど、市場を席巻するようなメガ企業が多く生まれているが、日本においてはそれがない。ジャパンアズナンバーワンといわれた時代は終わった。日本はもうかつての輝きを取り戻すことはないのさ」

このように言われることがほとんどです。

自分は日本の未来、そして日本株の今後について楽観的であるということを人に話したとき、返ってくるのは否定的な反応ばかりであり、私も同じ考えだよといって賛同してくれる人は本当にわずかです。

私はそんな状況、つまり多くの人が自分たちの住むこの国の未来に対して希望を持てずにいるという状況を、大変残念に思います。

しかし、正直に白状すると、このような状況を大変残念に思うのと同時に、これは株式投資における**またとない絶好のチャンス**である、とも思っているのです。

それはなぜか。

先ほど、私は日本の未来、そして日本株の未来に対して楽観的だと述べました。これは具体的には

「日本は課題先進国と呼ばれるとおり様々な課題・障害を抱えていることは事実だけれど、この国はきっとそれらを乗り越えていくことができるし、また実際に乗り越えていくことだろう。そしてこれからもあらゆる面において豊かになっていくだろうし、それに伴って日本株も上昇していくことだろう」

このように考えているということです。いや、考えているというよりも確信しているといったほ

うがよいかもしれません。

日本はこれからも豊かになっていくし、株価はこれからも上昇していくと確信しているわけですから、当然のことながら、余ったお金があればできるだけたくさん株を買いたいと思っているのです。

日本の、そして日本株の未来に対して悲観的な人が多い今のうちに、できるだけたくさん株を買っておけば、その人たちが後になって考えを変え、こぞって株を買いだしたときに大きな利益を得ることができるからです。

今は株式投資を行ううえでまたとない絶好のチャンスである、と述べたのは、こういった理由からなのです。


これから先、いつそれが起こるのかはわかりませんが、そう遠くない将来のどこかの時点で必ず、人々が**こぞって日本株に投資しだす**局面が訪れます。

これまで株を持っていなかった人たちがこぞって株を買いだすと、当然のことながら株価は上がります。これはもちろん、すでに株を保有している人たちにとっては大いに歓迎すべきことです。なぜなら、自分の持っている株の値段が上がっていく様子を眺めるのは、いつだって、最高に気分の良いものだからです。

しかし、投資の成果を最大限にしたいと考えたとき、つまり自分のお金をより大きく増やしたいと考えたとき、人々がこぞって株を買いだしたのを確認してから自分も買いだしたのでは、遅すぎるのです。そのときにはもう株価は上がってしまっているのです。

上がってしまっているとは、株価がその**本来の価値を超えて上昇**している、つまり割高になってしまっているということです。

割高になってしまったものは、買ってはいけません。割高になってしまったものを買っても、残念な結果が待っているだけだからです。

まだ割安か、もう割高か

ここに、１００円の値段が付いたパンがあります。当たり前ですが、１００円で買うことができます。とてもおいしいパンなので、あなたは１００円という金額は十分にその価値に見合ったものだと感じており、特に高いとは思っていません。

ところが、理由は分からないのですが、そのパンの売れ行きが芳しくなくなってしまったらしく、ある日買いに行ったら80円に値下げされていました。

これまで１００円を支払わないと食べられなかったものを、80円で買うことができたのです。

しかも、大きさやおいしさが減ってしまったということはなく、それらはあなたが**１００円を払**

う**価値**があると思っていたときのまま。
これはあなたにとってとてもうれしいことです。なぜなら、本当は100円の価値があるものをたった80円で手に入れることができたのですから。あなたはお得な買い物に満足してお店をあとにしました。

それからしばらくしたある日のこと。

あなたがお店を訪れてみると店内にお知らせが出ていました。読んでみると、このパンがある有名な雑誌に取り上げられたとのこと。そしてそれがきっかけとなり、このパンがものすごい人気商品になっていたのでした。

少し前までは80円で買うことができたこのパンですが、人気商品となったために品薄な状態が続いているとのことで、いまはなんと150円に値上がりしていたのです。

大きさやおいしさが増えたというのであればまだ納得もいきますが、それらは変わらず以前のまま。

せっかく来たのだからと思い、気が進まないながらも結局パンは買ったのですが、帰り道、買ったばかりのパンを頬張りながら、あなたは何やら損をした気分になってしまいました。

当たり前の話をわざわざしてしまったようで、読者のみなさんは少し退屈してしまったかもしれません。ですが、当たり前のようなこの話からは、株式投資において非常に大切なことを学ぶことができます。もう少しだけお付き合いください。

この話から学ぶことができる大切なこととは、

「あるものについている価格が割高か、割安かというのは、その価格自体からは判断することができない。割高か割安かは、その**本質的価値に対して**実際についている値段が高いか、それとも安いかで判断される」

ということです。

先の話でいうと、パンが80円で売られていたときに割安だと感じたのは、80円という価格そのものが安いと思ったわけではなく、パンの本質的価値（この場合は100円）に対して80円という価格が安かったために、割安だと感じたということです。

同じように、パンが150円で売られていたときに割高だと感じたのは、150円という価格そのものが高いと思ったわけではなく、パンの本質的価値（この場合は100円）に対して150円という価格が高かったために、割高だと感じたわけです。

そしてこのように割安か割高かを判断することができるために、パンが80円のときはたくさん買ってもよい（得をする）、150円で売られているときはあまり買わないほうがよい（損をする）という判断も下せるようになるのです。

もうお分かりかもわかりませんが、あるものについている価格が割高か割安かを判断する際に最も大切なことは、

「その**本質的価値**を正しく推測すること」

なのです。

先の話のばあい、あなたがパンの本質的価値を100円だと正しく推測していたからこそ80円という価格が割安だとわかり、また150円という価格が割高だとわかったのであり、もしその推測がなかったとしたら割安か割高かという判断は下せずに、感覚のみを頼りに買うか買わないかを決めることになってしまったことでしょう。

感覚のみを頼りに株を売買してもけっしてうまくいくことはありません。株式投資においては、自分なりにその株の本質的価値を推測し、その推測した本質的価値に基づいて今の株価が割安なのか割高なのかを判断し、割安なのであれば買う、割高なのであれば購入を見送るといったことがきわめて重要になってくるのです。

ここでひとつ注意しなければならないことがあります。それは以前と比べて株価が下がったから割安だろう、または、以前と比べて株価が上がったから割高だろうと**安直に判断**してしまってはいけないということです。

株価が大きく下がったのを見て「こんなに下がったのだから、もうこれ以上は下がらないだろう」と考えて株を買ったのはいいが、予想と違いその後さらに株価が下がっていき、損をしてしまった。

逆に株価が大きく上がったのを見て「こんなに上がったのだから、もうこれ以上は上がらないだろう」と考えて株を売ったのはいいが、予想と違いその後さらに株価は上がっていき、利益をとり逃してしまった。

これらは株式投資においてありがちなミスです。

株価というものは、大きく下がったあとにさらに下落していくこともあれば、大きく上がったあとにさらに大きく上昇していくこともあります。いまが天井（株価の上昇トレンドが終わり、下落トレンドに転換するポイント）だとか、いまが大底（株価の下落トレンドが終わり、上昇トレンドに転換するポイント）だとか、そんなことは誰にもわかりません。それらは後から振り返ってみて初めて分かることであり、事前にそれを知ることは誰にもけっしてできないのです。

ですから、天井に達したタイミングで株を売ろうと目論んだり、大底に達してから株を買おうと考える人は、本質的に不可能なことを可能にしようとして悪戦苦闘しているだけであり、いつまでたっても株式投資で成果を上げることはできないでしょう。

株価の動きを見てではなく、**本質的価値に基づいて**その株が割安なのか、割高なのかを判断することがいかに重要であるか、このことからもよくわかります。

いまこそ、日本の未来に投資するとき

割安・割高の概念についてみてきたところで、話を日本株に戻したいと思います。

いま、日本の未来は、多くの日本国民からも、また国際社会からも、けっして高く評価されているとはいえません。

アメリカ、イギリス、ドイツ、フランスなど、日本以外の先進諸国においては、その国を代表する株価指数は長期的に**着実に上昇**してきており、過去につけた高値を30年もの長期間にわたって更新できていないという国は日本を除いてはほかにありません。

日本の未来に悲観的な人たちは、この事実をもってして彼らの考えの根拠とすることが多いよ

うに思います。つまり、

「日経平均は30年間もかつての高値を更新することができないでいるのだから、今後もこのまま低迷を続ける可能性が高く、バブル期の高値（3万8915円）を更新することはもう二度とないだろう」

というものです。

それは当たっているかもしれません。未来がどうなるのか、100％の確信をもって言うことは誰にもけっしてできませんから、このような悲観的な見方が現実のものとなってしまうことは、可能性としてはもちろんあります。

しかし、私の考えは違います。


日本は30年もの長いあいだ、低迷を続けてきた。そして、耐え忍んできた。上がらない株価に耐え、上がらないお給料に耐え、明るく希望に満ちた将来を描けないことに、耐えてきた。そして、今も耐え続けている。

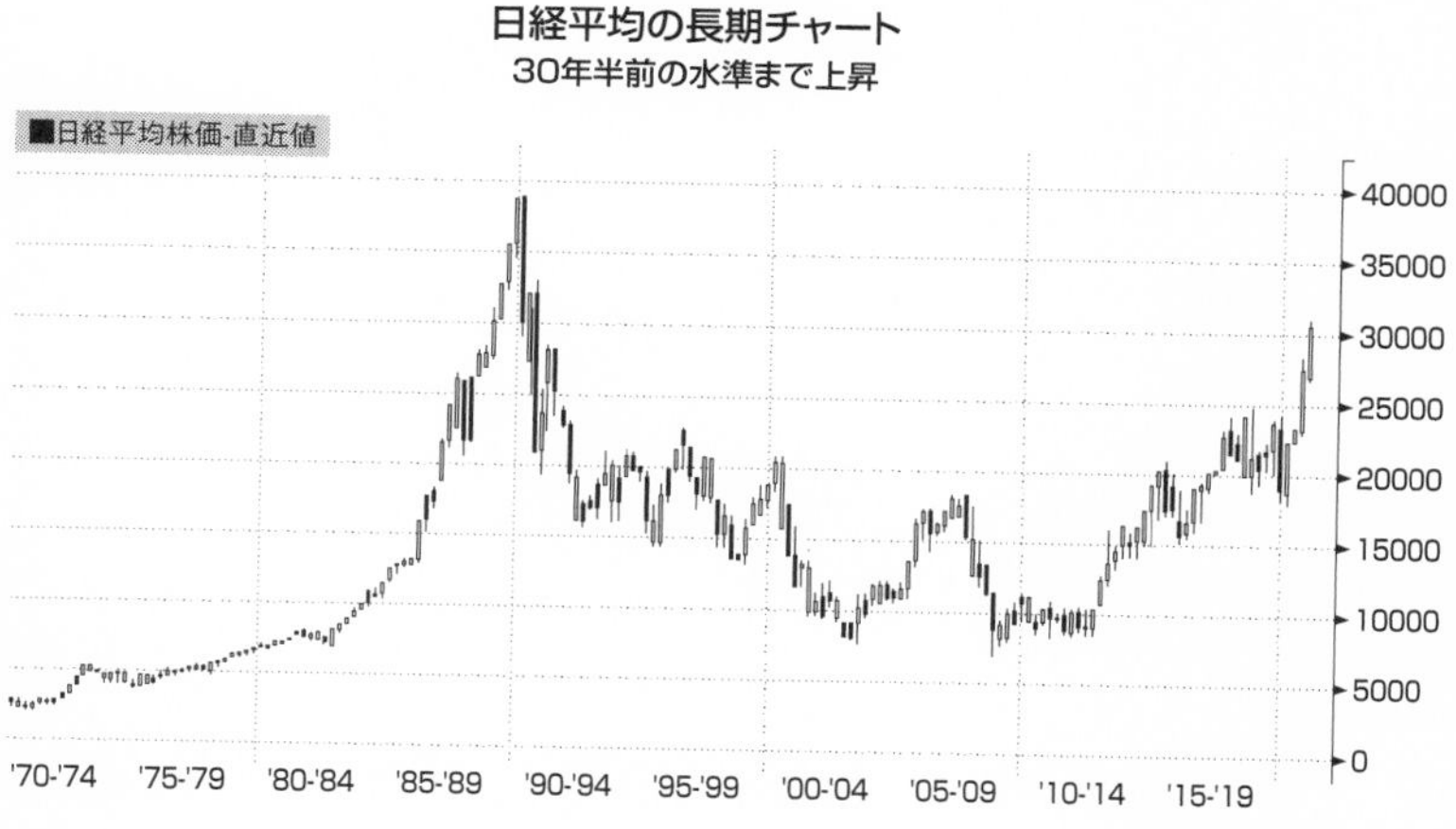

もう十分ではないでしょうか。


30年間低迷してきたのだから、これからも低迷するだろう。

私は、そうは思いません。

30年間低迷してきたのだから、これからは良くなっていくだろう。

私は、そう思うのです。


そしてこれは、単なる希望的観測ではけっしてありません。

いま、この日本という国は**過去に類を見ない大変革**を遂げようとしています。

30年ものあいだ経済を、そして国民の生活を低迷させてきたという事実を重く受け止め、変わらなければ未来はないという強い覚悟のもとに旧弊を打破し、これまで手が付けられてこなかった岩盤にもメスを入れ、日本は本気で変わるぞ、という気概を世界に対して見せつけているのです。


たとえば働き方改革。

たとえば伊藤レポート。

たとえば東証の市場再編。
たとえば持ち合い株式の解消。
たとえばコーポレートガバナンスコード。

雇用の現場や企業経営の現場では変革への萌芽がそこかしこに見られ、過去の成功体験の上にあぐらをかいていた企業トップのマインドは、徐々にではありますが確実に変わってきています。多くの人はまだ気付いていないかもしれませんが、失われた30年からの脱却は足元で**もうすでに始まっている**のです。

日本に限らず世界中の、思慮深く賢明な投資家たちはすでにこのことに気付き始めており、日本株への投資をじわりじわりと増やしつつあります。

この流れはさらに大きな流れとなっていき、やがては一般の人たちもこぞって日本株に投資する時代がやってくるでしょう。そうなる前に、つまり今、そのことに気付き、賢明な投資行動をとることができるか。

私たちに問われているのは、そういうことなのです。

第2章では、株式市場というものを様々な角度からみてきました。市場の長期的な振る舞いや、それに対して私たちはどのように向き合うべきか。なぜいま、日本株なのか。

このようなことについて考えてきました。

次の第3章ではいよいよ、買ったら永遠に売らない株投資法についてみていきたいと思います。

第3章

買ったら永遠に売らない株投資法という最強の武器

投資法は無限にある！

一口に株式投資といっても、そこには、それを**行う人の数だけ投資法がある**と言っても過言ではないくらい、たくさんの投資法があります。

デイトレード、スイングトレード、イベントドリブン、ロングショート、チャーティスト、アクティビスト、配当投資、株主優待投資、バリュー投資、成長株投資、テーマ投資、等々、数え上げたらきりがないほどです。

このように数多くある投資法ですが、様々な便宜上、大まかに分類することはよくあります。分類の仕方には、その投資に要する期間で分類する方法と、主な投資対象で分類する方法があります。

期間で分類する方法はシンプルで、長いあいだ株を保有する投資法を長期投資、短期間しか株を保有しない投資法を短期投資といいます。

ここでいう長期、短期が具体的にどれくらいの期間を指すのかについて明確な定義があるわけではありませんが、一般的なイメージだと、保有期間3～5年、あるいはそれ以上のものを長期投資、保有期間が1日か、長くても数週間程度までのものを短期投資と呼ぶことが多いようです。

ほかに保有期間10年以上のものを超長期投資と呼んだりすることもあります。

投資対象で分類する方法については、割安な企業の株に投資するものをバリュー投資、これから大きな成長が見込まれる企業の株に投資するものをグロース投資といいます。

このように多くの投資法があるなかで、本書のテーマである「買ったら永遠に売らない株投資法」とは、いったいどのような位置づけとなるのでしょうか。

買ったら永遠に売らない株投資法の4サイクル

買ったら永遠に売らない株投資法はその名前からわかる通り、超長期投資です。

理想とする保有期間は永遠！

とはいっても、これはあくまでも投資する際の姿勢や理想を表したものであり、買ったすべての株を必ず永遠に保有するというものではありません。

永遠に保有していたいと思えるような、優良でモラルが高く社会の役に立ち、多くの人たちを幸せにしている成長性にあふれた企業にのみ投資し、あとは**何もしないで永遠に保有し続ける**。

これが理想なのですが、現実には、永遠の訪れを待つことなく株を手放さなければならない場合も少なくありません。

投資したすべての企業が、投資することを決断したときに描いたストーリー通りに成長していくようなことがあれば万々歳ですが、そんなことはまずないでしょう。

継続して保有していくなかで、いくつかの企業は実はそれほどの実力ではなかったということが露呈するかもしれませんし、投資を決断した時点では予想すらしていなかった不祥事を起こし、前途が暗転してしまうようなことがあるかもしれません。

私たちは、未来とは**本質的に予測不可**であり、株式投資の世界では何が起こってもおかしくはないということを頭に入れておく必要があります。そうすることで、買った株のうちいくつかが予想通りにふるまわなかったとしても、落胆してしまうことなく投資を続けていくことができるようになります。

そして投資を続けていく中で、次のようなサイクルを繰り返していくのです。

これを私は『買ったら永遠に売らない株投資法の4サイクル』と名付けています。

1，永遠に保有していたい株をよく吟味したうえで購入する

2，いくつかは描いたストーリーに陰りが見えはじめる

3，2を売り、2よりも有望な株を購入する

4, ポートフォリオの永久保有銘柄比率を上げていく

このサイクルのなかで一番重要になってくるのが4番です。

1番から3番を繰り返すことによって、永久保有に値する株は当然保有を続け、それに値しない株は手放し、新たにそれ以上に有望な株を購入することにより、ポートフォリオの永久保有銘柄比率を上げていくことができます。

さらに、このサイクルを繰り返すうちに永久保有銘柄を見抜く力、目利き力が養われていき、2番が起こる可能性は減少し、1番と3番の成功率が増加していきます。それはつまり、4番がより達成しやすくなることを意味しています。

買ったら永遠に売らない株投資法においては、このサイクルを繰り返すことによって、ポートフォリオを**永久保有銘柄で埋め尽くす**ことが最大の目標であり、それがすなわち資産を最大化することにつながるのです。

自分の経験やそこからくる銘柄選択能力の向上（この投資法を行っていけば必ず向上します）に伴い、ポートフォリオの中身がより洗練されたものになっていくのを見ることは投資家としての喜びであり、また経済的な実利も伴うものなのです。

3-3 バリューグロース投資

買ったら永遠に売らない株投資法の投資期間は超長期であるということをみてきましたが、では、投資対象でみるとどうなのでしょうか。

買ったら永遠に売らない株投資法は、投資対象で分類するならばバリュー投資とグロース投資の中間といった位置づけとなります。あえて名づけるとすればバリューグロース投資といったところでしょうか。

これはその名の通り、バリュー投資とグロース投資の良いところを掛け合わせたものであり、ただ割安であるというだけでなく、**成長性をも兼ね備えた企業**に投資するというものです。

一般にバリュー投資といえば、企業についての様々な指標を分析し株価が本質的価値に比べて割安であると判断すれば、たとえ成長性を伴っていなくても投資に踏み切り、いずれ株価がその企業の本質的価値まで回復した段階で売却し利益を得る、というものです。

それと比べてバリューグロース投資では、ただ割安であるというだけで投資することはありません。

割安であることと同時に、その企業がこれから長きにわたって成長していくというストーリーを描くことができて初めて、投資に踏み切ることになります。

そしてこのバリューグロース投資は、もう一方のグロース投資とも異なります。

グロース投資家は、高い成長性が見込まれる企業であれば、本質的価値をはるかに超える水準の株価であってもそれを許容する傾向があります。それに対してバリューグロース投資ではいくら成長性が高い企業であっても、本質的価値を大きく超える水準の株価ではけっして投資しません。ここがグロース投資と大きく異なるポイントです。

もっとも注目されている**旬の業界の旬の企業**（人気銘柄）というのは、事業内容も将来への大きな希望を感じさせるものであることが多く、多くの人の食指を動かします。

それらは過去および足元の業績が好調なために買われているのではなく、将来の業績拡大への期待感のみを根拠に買われていることが多く、もしその期待が実現できそうにないと分かったときなどは一斉に売られてしまい、株価も大きく下落する、ということがよくあります。

事実、過去一度も黒字を出したことのない企業に驚くほど高い株価がつく、といったようなことがよくありますが、こういったケースは投資家たちが将来への期待のみを根拠に熱狂してしまっているサインであり、よくよく注意が必要です。

投資家たちの熱狂により本来の実力とはかけ離れた水準まで株価が上昇していても、人気に火が付いた企業の株を巡っては誰もが乗り遅れることを恐れるようになり、極度に楽観的になってしまうのです。

誰もが

「下がり始める前に急いで買わなければ」

「高い値段で買っても、誰かがもっと高い値段で買ってくれるだろう」

などと考えるようになり、損をする可能性などは全く考慮されなくなってしまいます。

グロース投資は高成長株に投資するというその性質上、よほど気を付けていないと、このような熱狂に巻き込まれてしまう可能性が非常に高くなってしまいます。

そして、もしこのような熱狂に巻き込まれてまったばあい、運よく大きな利益を出せることもたまにはあるかもしれませんが、多くのケースでは望まない結果となってしまうことでしょう。

バリューグロース投資ではこのような状況に陥るのを注意深く避けるために、本質的価値および成長性を加味した適正水準を大きく超える株価は許容しないという態度を貫きます。

具体的には

「バリューグロース投資では、誰もが群がる人気銘柄にはけっして投資しない」

ということです。

株式投資においては、儲けることよりも**大きな損をしないこと**のほうがはるかに大切です。大きな損を回避するためにも、この鉄則をしっかりと守っていくことが重要なのです。

ここまでの話を簡潔にまとめると次のようになります。

買ったら永遠に売らない株投資法とは、

「長期的に着実に成長していくことが見込まれる企業の株を、その本質的価値に照らして割安な価格で購入し、その**成長シナリオが続く限り**、永遠を目標に保有を続ける」

というものです。

この目標を実現するために、前述の『買ったら永遠に売らない株投資法の４つのステップ』を活用していくのです。

いちばん儲かる投資とは

みなさんは、いちばん儲かる投資とはどのようなものだと思いますか。

買った株が短期間で何十倍にもなったときでしょうか。

それとも、これだと思う株に全財産をつぎ込み、その株価が予想通りに跳ね上がったときでしょうか。

いいえ、そのどちらでもありません。

「時間をかけて成長を続けていき、その規模や売上、利益が何倍にも何十倍にも、時には何百倍にも膨れ上がっていくような企業の一部分を、そうなる前の段階において株式という形で所有しておくこと」

これが、いちばん儲かる投資です。

そしてこれは、買ったら永遠に売らない株投資法が**理想的な形で成功**したときのことをよく表しています。

たとえば、この本の最初にご紹介した寿スピリッツという会社、みなさんは覚えていらっしゃるでしょうか。

仮に27年前この会社の上場時に100万円投資していたとすると、今ではおよそ50倍、つまり約5000万円に増えていた計算になります。

これには配当を加味していませんが、もし上場から現在までの27年間に受け取る配当の額を加えたとすると、当初投資した100万円は5000万円よりもさらに大きく増えていたことになります。

もし今後も保有を続けたとしたならば、その金額はさらに大きくなっていくことでしょう。

このように50倍超という劇的なケースではなくとも、企業の成長とともに株価が数倍になるというケースはけっして珍しくはありません。

このような、「**企業成長の結果としての株価上昇**」を長い期間にわたって享受していくことがいちばん儲かる投資といえるのです。

これは実に当たり前の話のように聞こえますし、誰でも簡単に理解し、実行できそうな気がします。しかし、実際にこれを実行できる人はとても少ないというのが現実です。

後の世から振り返ったとき、すでに押しも押されもせぬ大企業になっている企業に対して、その創業当時に株を買い、今まで持ち続けていればよかったと言うことは簡単です。誰もが、そのようなことを一度は考えたことがあるでしょう。

しかし、現実にそれを実行できている人はとても少ないですよね。

これはいったいなぜなのでしょうか。

一番の理由としては、企業が長い時間をかけて成長を続けていく途上において幾度となく訪れる浮き沈みの数々を、企業とともに乗り切っていくことができる気概のある投資家はきわめて少ない、ということが挙げられると思います。

あとから振り返ってみれば、ある会社が将来巨大な企業になるということは、始めから分かっていたような気がしてしまいますが、創業時や上場間もない頃からそのことを確信するというのは容易なことではありません。

業績や株価が順調に推移しているときに株を保有し続けるというのは比較的容易なことであり、多くの人に実行可能だと思います。

しかし、業績や株価の推移が思わしくないときに株を保有し続けるというのは相当に難しく、誰にでも実行できることではありません。特に赤字が続き、株価も半分以下に下がるようなことがあれば、ふつうの神経の持ち主であれば逃げ出してしまうことでしょう。

これだと思って投資した企業には、逆境を経験することなく順風満帆に成長を続けていってほしいと願うのが人情というものですが、残念なことに、企業が長い期間にわたって成長していく過程においては、このような**逆境は避けて通ることはできない**ものなのです。

様々な企業の過去のデータを紐解いてみると、売上や利益が長期間にわたってずっと右肩上がりで成長しているようにみえる企業であっても、その途中には、売り上げが減少した年、利益を出すことができなかった年、または赤字に転落してしまった年など、投資家にとって忍耐力を試されるような局面を必ずといっていいほど経験していることがわかります。

このように必ず訪れる逆境、忍耐力を試される場面においてどのようにふるまうか。これが、株式投資の成否を左右します。

逆境が訪れるたびに企業の先行きに自信を無くし株を手放していたのでは、いつまでたっても株式投資で資産を形成することはできません。目先の業績に一喜一憂しているようでは、株主として手にできるはずの利益の大部分を逃してしまうことになります。

ではどうすればよいのか。

「その企業への投資を決断した際に描いた**成長シナリオに変化がない**のであれば、目先の業績は無視し、強い気持ちで保有を継続する」

これが答えです。

このことを実行するためには当然のことながら「自分が当初描いた成長シナリオには変化がなく、いまだに健在である」ということを確認する必要があります。

利益の減少や減配、赤字決算といった厳しい状況の中でも変わらず株の保有を続けていくためには、この作業を欠かすことはできません。

ホームページや事業報告書、有価証券報告書などを用いて調査し、自分が当初描いた**成長シナリオはいまだに健在である**と確認し、また確信することができれば、株の保有を続けていくうえでの大きな力となることでしょう。

過去の偉大な投資家たちも、このような地味な作業を厭わなかったために株を長期にわたって継続して保有することができ、その結果として大きな資産を形成することができたのです。

彼らと同等の結果は望めないかもしれませんが、私たちにも同じことができます。

少しの時間と労力を調査に割くことによって、計り知れない恩恵を被ることができるのです。

ここでひとつ注意しなければならないのは、もし描いた成長シナリオに変化があるようであれば、株を売却してしまってもかまわないということです。いや、むしろそのような場合は躊躇なく売却すべき、というほうが適切かもしれません。

投資の意思決定を行った際に描いた成長シナリオがもはや実現不可能であることが判明した場合、その株を保有し続けることに何の意味もありません。

そのような場合には、この章の冒頭でお話した『買ったら永遠に売らない株投資法の4つのステップ』を思い出し、すみやかにその3番を実行することです。

つまりその株を売り、ほかにより良い成長シナリオを描くことができる株を新たに購入するのです。そうすることで、みなさんのポートフォリオはひとつレベルアップすることになります。

前途への期待がしぼんでしまった銘柄を売り、新たに前途有望な銘柄を購入したわけですから、ポートフォリオ全体で見た場合の実力は明らかに向上していることになります。

『買ったら永遠に売らない株投資法の４つのステップ』の４番「ポートフォリオの永久保有銘柄比率を上げていく」とは、このような**レベルアップを繰り返していく**ことによって実現されるものなのです。

プラスサムゲームでパイ全体が大きくなる

企業が成長していけば、その成長にともなって株価も上昇していくことになり、株価の値上がりは株主の利益になります。そして企業の成長は株主の利益のみならず、その企業に勤務する人たちの雇用を守ること、また新たな雇用を生み出すことにもつながります。業績好調による処遇改善が行われることもあるでしょう。

それだけではなく、研究開発や設備、人材への投資が活発に行われるようになり、企業はより良い製品やサービスを生み出すことができるようになります。その結果、多くのより良い製品やサービスを提供されることになる私たち消費者も選択肢が増え、より豊かで便利な生活を送ることができるようになります。

私たち消費者とは社会そのもののことですから、つまりは日本社会全体がより豊かで便利になり、発展していくことになります。

このように、企業の成長はそのまま日本社会の発展に結びついていますから、長い時間をかけて忍耐強く企業の成長に投資する人たち（まっとうな株式投資家たち）が増えると、社会はどんどん明るく豊かになっていくのです。

投資した人、投資先の企業、従業員とその家族、取引先の企業、その従業員と家族、そして消費者。まっとうな株式投資家の投資を起点として、関わる人たちすべて（ステークホルダーといいます）が恩恵を受け豊かになっていくという大きな循環システムが出来上がっているのです。

企業が成長していくことにより経済の**パイ全体が大きくなっていく**ので、それを分かち合うことによりみんなで豊かになっていくことができる。他人から奪う必要はどこにもありません。これをプラスサムゲームといいます。

いっぽう、投機はゼロサムゲームです。全体のパイが大きくなることはけっしてないので、限られたパイをみんなで奪い合うことになります。奪い合いだから、誰かが得をすれば、その分誰かが損をする。だから、みんなで豊かになっていくことはできない。

買ったら永遠に売らない株投資法が最強だということには、このような理由もあるのです。

増え方が増えていく！　複利のスゴイちから

ここまでみてきたように、いちばん儲かる投資、つまり買ったら永遠に売らない株投資法には時間が必要です。**時間をたっぷりとかける**ことによって、株式投資による資産の増大を最大化することができます。

間違っても、運用に時間をかけることを厭い短期間で大きな利益を上げてやろうなどと考えてはいけません。それはあなたの脳内で聞こえる破滅へのささやきです。

失ってもかまわない余剰資金を使い短期投資に興ずるというのは、それほど愚かな行為とはいえないかもしれません。おそらくそのお金は失ってしまうことになるでしょうが、その分スリルと興奮を味わえたのですからよしとしましょう。

しかし、私たちの目標は快適で幸せな老後やその他、何か有意義なことを実現するために資産を形成することであり、そのための資金は少しの興奮とスリルのために失ってしまうには惜しすぎるものなのです。

このことを十分に頭に入れながら、運用に時間をかけることのメリット、つまり複利の効果がいかに巨大なものであるか、みていくこととしましょう。

複利とは、もともとの元本に利息がついたとき、その利息を利息として受け取らずに元本に加え、**新たな元本として再投資**していくことをいいます（もともとの元本に再投資しない場合、それを単利といいます）。

これを株式投資に当てはめると、もともとの元本というのは保有している株のことを指し、利息というのは受け取る配当のことを指します。

元本である株から受け取った配当を買い物などに使ってしまわずに、そのお金で株を買い足し、新たな元本として再投資するわけです。

これの一体どこが、そんなにすごいことなのでしょうか。

たとえば、元本1万円を年率5％で運用したとします。1年目の終わりには元本1万円に対して5％の利息、つまり500円を受け取ることができます。

この利息を利息として受け取らずにもともとの元本1万円に加えると、新たな元本は1万500円となりますから、翌年はこの新たな元本である1万500円に対して5％の利息がつくことになります。1万500円の5％ですから、525円を利息として受け取ることができます。

この525円をさらにもともとの元本に加えると、新たな元本は1万1025円となりますから、翌々年には1万1025円の5%、つまり551円を利息として受け取ることができます。

このように複利の運用では、受け取る利息を元本として再投資することによって、時間の経過とともに元本の額が**どんどん増えて**いきます。

さらに、元本が増えていくことによって、受け取る利息の額もどんどん増えていくことになるのです。

それに対して、元本に利息がついたときその利息を元本に再投資しないのが単利の運用です。この場合はもともとの元本が増えることはないので、時間がたっても受け取る利息の額が増えていくことはありません。

元本はずっと1万円のまま。そして受け取る利息も毎年500円で変わらないままです。

複利の効果

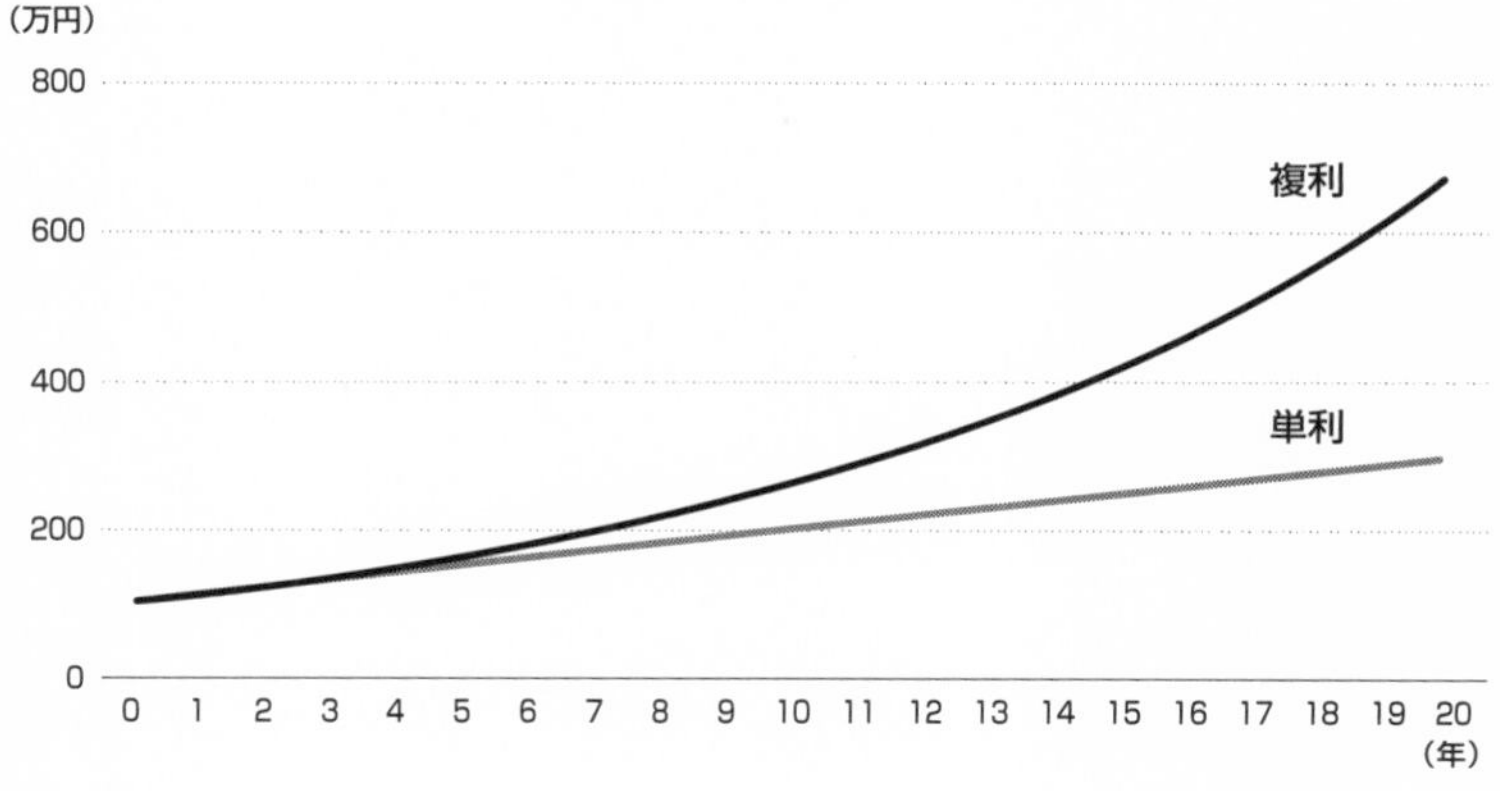

この説明では、複利と単利、このふたつにそれほど大きな違いがあるようには思えないかもしれません。

たしかに2年や3年といった短い期間で比較した場合には、これらの結果にそれほど大きな違いは見られないでしょう。

ですが、5年や10年、20年といった長い期間で比較した場合、これらの結果は目を見張るほどの差異を生み出すことになります。そしてその差異は期間を長くとればとるほど、劇的に大きくなっていくのです。

ここで劇的という言葉を使いましたが、グラフを見ていただければ一目瞭然のとおり、概ね10年を超えたあたりからの複利の効果はまさにその言葉がふさわしいほどに、急激な資産増加をもたらしてくれるのです。

複利の効果のすごさはまさにここにあります。

時間の経過とともに資産の絶対額が増えていくだけではなく、資産の「**増え方そのものが増えていく**」のが、複利の効果のすごいところなのです。

「雪だるま式」という言葉がありますが、これは複利の効果のすごさをとてもよく表しています。

みなさんも小さい頃、雪だるまをつくって遊んだことがあると思います。

最初に小さな雪のかたまりを作る。これを転がすと、まわりに新しい雪がくっつき少し大きなかたまりになる。さらに転がしていくと、そのまわりにも新しい雪がくっつき、もっと大きなかたまりができる。どんどん転がせば転がすほど、雪のかたまりは急激に大きくなっていく。

私たちのお金も、じつは同じことなのです。

たとえ最初は小さな額だったとしても、**複利の効果を享受**できるように、ゆっくりと時間をかけて運用していくことができれば、私たちの資産は驚くほど急激に成長していくものなのです。

余談かもしれませんが、買ったら永遠に売らない株投資家の代表格ともいえるアメリカの伝説的投資家、ウォーレン・バフェットの唯一の本人公認自伝のタイトルはずばり『スノーボール（雪の玉）』といいます。

この自伝（ハードカバー版）の裏表紙にはこんな言葉が記されています。

『Life is like a snowball. The important thing is finding wet snow and a really long hill.』

『人生とは雪の玉のようなものだ。大事なのはよく湿った雪と、それを転がすための長い長い坂道を見つけることだ』

【STORY1】歯みがき粉を買ってくれてありがとう

私は今日、人生で初めて株を買った。私のお気に入りの歯みがき粉を作っているP&Cという会社の株だ。

愛用中の歯みがき粉は「マイティーホワイト」というのだが、虫歯予防にもなるみたいだし、なによりあのさわやかなミントの香りがたまらない。おまけにホワイトニングにもなるという。

こんなに最高な歯みがき粉は他にはないと思う。もう5年も使い続けているが、別の商品に変えようとは一度も思ったことがない。

日用品からコンビニスイーツまで、とにかく新商品には目がないという会社の同僚の祥子も、歯みがき粉だけはずっとマイティーホワイトを使っていると言っていたし、第一、移り気な私がこうなのだから、他にも大勢の人がこの歯みがき粉のファンに違いないと私は思っている。

実際に株を買うにあたって何冊か本を読んでみたのだが、そのなかで印象に残った言葉がある。

それは、

「**理解できない会社の株は買うな**」

というものだ。

その本によれば、もしある会社の事業内容についてよく理解できないようであれば、その会社の株は買ってはいけないのだという。

事業内容が理解できないということは、その会社のもつ強みや弱みも理解できないということであり、ほんの少し株価が下がっただけで怖くなって売ってしまうことになるからだそうだ。

よくわからないが、私は長期にわたって着実に資産を増やしていきたいと考えているから、たしかにちょっと株価が下がったくらいで売ってしまうようではいけないと思い、アドバイスに従ってみることにしたのである。

歯みがき粉は絶対に必要なものだし、P&Cの製品は素晴らしいから、これからも順調に売れ続けるだろう。

歯みがき粉やシャンプー、洗剤などの日用品をつくり、それをスーパーなどの小売店に卸し、最終的に私たち消費者の手に届ける、という事業内容は、幸い私にも理解することができた。それに、個人的にも大好きな会社だから応援したい。

選んだ理由はそんなところだ。

この会社がずっとうまくいってくれて、私も**ずっと株を持ち続ける**ことができたらいいなと思っている。

翌朝。夕べ遅くまで海外ドラマを見てしまったため少し寝坊してしまった。急いで洗面所に向かう。

歯ブラシを手に取り、あの、お気に入りのマイティーホワイトのキャップを外す。カチッ。そしてひと絞り。

「あれ⁉」

中身が出ない。きつく握りしめると、なんとか1回分くらいは出てきた。

「うわ、なくなっちゃった」

小刻みに歯ブラシを動かしながら、空になったチューブを足元のごみ箱に落とす。

確かストックがあったはずだと思いながら棚の中を調べてみたが、ストックは見当たらない。

「おかしいなぁ。もう1個あったと思ったんだけど」

「帰りに買いに行かなきゃ」


会社帰り、通いなれた駅前のドラッグストアに立ち寄った。金曜日の夕方ということもあってか、店内はわりと混雑していた。

入口付近の特売ワゴンに後ろ髪をひかれつつも、まっすぐに歯みがき粉がならぶ棚へと向かう。

買う商品はマイティーホワイトと決まっているから、迷うことはない。でも、何気なくほかの商品も見てみる。もしかしたら、ものすごく魅力的な新商品が出ているかもしれない。

とそのとき、隣でおなじように商品棚を眺めていた大学生風の女の子が、マイティーホワイトを手に取り、パッケージをしげしげと見つめてから買い物かごに入れた。

「あ、それ買うんだ」

心の中でつぶやく。やっぱりだ。やっぱり、このマイティーホワイトは人気なんだ。

たった1人のお客さんが買い物かごに入れるところを見ただけだが、昨日、生まれて初めてP&Cの株を買った私は、この会社の商品が実際に売れるところを目の当たりにして、なんとなく嬉しくなってしまった。


そう、株を買うということは、**株主になる**ということなのです。

マイティーホワイトが売れれば売れるほど、p&Cは潤う。そして、株主も潤う。少額の株式しか保有していなければ、なかなか実感がわかないかもしれませんが、これは厳然たる事実なのです。

買ったら永遠に売らない株投資法を実践しようとするとき「商品が売れれば、それは株主である自分の利益でもある」という感覚が持てるかどうかは非常に大切なポイントになってきます。

P&Cのような大きな企業が生み出す何十億円という利益も、マイティーホワイトのような数百円の商品の売上が積み重なることによって生み出されています。ですから、たかが数百円だからといって、それをバカにしてはいけないのです。まさに、塵も積もれば山となるのです。

そして、そのようにして積み上げられた売上から、商品そのものや容器などの原価、人件費、配送にかかる費用、研究開発費、広告宣伝費など、商品を売るためにかかった経費を差し引き、さらにそこから法人税などを支払い、残ったものが企業の純利益となります。

企業が努力して稼いだその純利益のうち、一部は内部留保というかたちで企業内にプールされ、残りは配当として株主に還元されます。

株主として受け取る配当はこのように**小さな売上が積もり積もった結果**であることを実感することができれば、経済や企業をより深く理解したことになり、投資家としての実力も向上することでしょう。

株主にとって、その会社の商品を買ってくれる人たちはみな、大切なお客様です。

心の中でありがとうと言おう。感謝しよう。

彼らがその商品を買ってくれることによって、会社が潤い、ステークホルダーが潤い、そしてあなたが潤うのですから。

世の中のたくさんの人たちが、自分のお客さんになってくれる。

こんなに楽しいことは他にないと私は思います。

「さっきマイティーホワイトを買い物かごに入れてくれたあの女の子は、Ｐ＆Ｃの株主である私の大切なお客様なんだ」

そう思うと、あの子にありがとうって、言いたくなった。

【STORY2】 芽生えはじめた自覚

「へぇ、今期は増収増益で着地の見込み、か」

「うんうん、いいじゃん」

毎経新聞を読みながらひとりつぶやく。テーブルに置いたカップの中身は、とっくに冷めてしまっている。

こんなに熱心に新聞を読んだことなんてこれまでなかった私だが、しばらく前のドラッグストアでのできごと以来、**株主であることの自覚**（のようなもの）がめばえ始め、Ｐ＆Ｃの業績にも興味を持ち始めたのである。自分でも驚きだ。

投資家、経営者の必読紙ともいわれる毎経だが、聞きなれない言葉や専門用語がたくさん出てきて、読み始めた当初は記事の内容を理解するのにも一苦労だったことを思い出す。「毎日経済新聞の読み方」などという書籍が売られているのもうなずけるくらい、なかなかハードルの高い新聞だと感じたものだ。

今でもスラスラ読みこなす、とまではいかないが、だいぶ慣れてきたんじゃないかと自分では思っている。

平日は仕事があるのでなかなか時間が取れないから大変だが、がんばって通勤の電車の中で読んでいる。紙ではなく、スマホで読む。便利になったものだ。

いままではスマホのゲームをしたり、文庫版のミステリーなどを読んだりして時間をつぶしていた。それはそれで、暇つぶしとしてはうまく機能していたのだが、毎経を読み始めてからは、朝の通勤時間が貴重な**情報収集の時間**へと変わった。情報収集と同時に、自分の勉強にもなっているみたいだ。

夢中になると周りが見えなくなるところがある私だが、この前など難解な記事をなんとかして理解しようと悪戦苦闘しているうちに、勤務先の最寄り駅を乗り過ごしそうになってしまった。閉まりかけるドアに足をねじ込み、力づくでドアをこじ開けてなんとか降りることができたが、あんな恥ずかしい思いはもう二度とごめんだ。

それ以来、手ごわい記事は後回しにして、時間のあるときに読み直すようにしたのだが、結局後でも読まずじまいになることが多い。

「全部読んだらきっとすごく勉強になるんだろうな」と思いつつも、難しい記事にはついつい拒否反応がでてしまうのだ。

平日はそんなふうだから、土日はがんばって隅々まで読む。どこかに、P&Cに関する記事が出ていないだろうか。

今日は、今期の業績予想が出ていた。

「よかった！　増収増益だって！　マイティーホワイトもたくさん売れてるんだろうなぁ、きっと」

「へへぇんだ、私、見る目あるでしょ」

少し得意になってみる。

株主になると、その企業の**業績に注意を払う**ようになります。

自分の会社はうまくやっているだろうか。なにか問題は起こっていないだろうか。

ネットや新聞で調べるようになります。
こういった作業は**会社というものやビジネス、経済の勉強**になりますし、なにより、とても楽しいものです。

【STORY3】 水素のはなしをしよう

「あなた、意外とやるのね」

商談を終え、乗り込んだエレベーターのなかで上司が言った。

私が水素のサプライチェーンについて取引先の担当者と議論していたことに驚いたようだ。

それほど専門的な内容というわけではなかったのだが、たしかに、毎経新聞など経済紙をよく読んでいないとチンプンカンプンな内容だったとは思う。

「まさかあなたが水素について語るなんて。正直びっくりしたわ」

笑いながら上司は言う。

直接契約につながったわけではないが、よく勉強していてなかなか見込みのある若手じゃないかと、取引先には好印象だったようだ。

「じつは最近、株を買ったんです。そしたら会社の業績とか新製品が出ていないかとか、いろいろ気になってきちゃって。それで、じつは毎経を読み始めたんです」

「へぇ、毎経を？」

上司は意外そうだが、続いて得心したように言った。

「そうだったのね。それでうちの専門じゃない水素についてあれほど知ってた、ってわけだ」

「いえ、そんなたいしたことじゃないです。ただ、読んでるうちに面白くなってきちゃって」

「水素が⁉」

「あ、いえ、水素じゃなくて」

苦笑しながら続ける。

「なんていうか、毎経読み始めてから、私って経済とかビジネスについてなんにも知らなかったんだなっていうのが分かって、ちょっとショックだったんです」

「でも、毎日読んでいくうちに少しずつ分かってきて。そうなると、もっと知りたい！　って思って、読むのがどんどん楽しくなってきちゃって」


私の勤めている会社は、システム開発を行っている。顧客企業の人事管理ソフトウェアの開発が主な事業であるため、本来は顧客企業の事業内容に関する知識は必須ではない。

だが今回、私が訪問先企業の事業内容である水素について担当者と歯ごたえのある議論を交わしたことで、取引先に好印象を与えることができ、今後の受注に結び付きそうな手ごたえを得ることができたのだ。

「今回はあなたの水素トークのおかげで先方にも好印象を持ってもらえたみたいだわ。お手柄だったわね」

「この調子で一気に受注までもっていくわよ」

「はい、がんばります!」

株を買って、そのために読み始めた毎経新聞だけど、それがまさかこんなところで役に立つなんて。

エレベーターを出た私は、少し胸を張って歩き出した。

株主になると、**世の中で起こっていること**にもっと注意を払うようになります。

景気は良いか悪いか。いま、日本社会が直面している問題はなにか。世界のビジネストレンドはどうなっているか。どんな新しい技術が生まれようとしているのか。

世の中のことをもっとよく知り、自分の仕事にも生かすことができる。

自分のまわりで起こっていることを、もっとよく理解することができる。

この資本主義経済の大きなシステムに、自分も**株主として参画**しているのだという自信が持てるようになる。

こんなに楽しいことはないと、私は思います。

第3章では、買ったら永遠に売らない株投資法についてくわしくみてきました。

自身の資産形成に資するという点、複利の効果、プラスサムゲームによってパイ全体を大きくし社会に貢献するという点から鑑みて、買ったら永遠に売らない株投資法が最強であるということをみてきました。

この第3章をもって「第一部　基礎編」は終了です。

みなさん、お疲れさまでした！

次の「第二部　実践編」ではいよいよ、これまでみてきた「買ったら永遠に売らない株投資法」

を実際に行うための具体的な方法についてみていきます。

まずは第4章で投資する銘柄の候補をピックアップする方法を詳しくみていくことにしましょう。

第二部　実践編

第4章

STEP 1
スクリーニングで企業をピックアップしよう

スクリーニングとは

さて、いよいよ買ったら永遠に売らない株投資法を実践していくことになりますが、まずは**永久保有銘柄の候補**を見つけることから始めましょう。

日本における上場企業数は３７８６社（２０２１年7月6日現在・日本取引所グループホームページ）。

これだけ多くの企業の中から、永遠に保有しようと思える銘柄を探し出さなければなりません。仮に１日に１社を調べたとしても、全部を調べ終わるのになんと10年もかかってしまう計算になります。

これでは大切な時間を味方につけるどころか、見込みのない企業まで調べることによって多くの時間を無駄にしてしまうことになります。

かといって適当に選んだのではとうてい永遠を目標に保有することなどできません。

ではどうすればよいのか。

そこで登場するのがスクリーニングです。

スクリーニングとは「ふるいにかけること」や「選別」を意味する言葉です。

株式投資におけるスクリーニングとは、全上場企業の中からあらかじめ設定した**条件に合った企業のみを選別**し、しぼりこむ作業のことをいいます。

この作業は会社四季報などを使い手作業で行うこともできますが、ＳＢＩ証券や楽天証券などに証券口座を開設すればサイト上で無料で行うことができますので、本書ではこの方法を使って進めていくことにします。

証券口座をまだお持ちでない方は、まずは口座を開設することから始めましょう。

その際におすすめなのは、取引手数料の安いネット証券会社です。さきほど例に挙げたＳＢＩ証券や楽天証券のほかにも松井証券、マネックス証券、ａｕカブコム証券などがあります。私はこれらすべての証券会社に口座を開設しています。

口座を開設したら、さっそくスクリーニングを行ってみましょう。

用いる指標について

ＳＢＩ証券のサイトにログインすると、このようなホーム画面が現れます（１１３ページ参照）。左下の「銘柄をさがす」というセクションに「銘柄スクリーニング」というボタンがあるのでこれをクリックします。

すると「検索条件選択画面」になり、左から「基本情報」「財務」「コンセンサス」「株価パフォーマンス」といったラベルが横一列に並んでいます。今回使用するのは「基本情報」と「財務」になります。

「基本情報」で使用するのは一番下の投資金額の項目のみです。

株購入の予算が決まっている場合には、右側のボックスにその金額を入力します。そうしておけば、最低投資金額が予算を超える銘柄はスクリーニング結果に表示されなくなりますので非常に便利です。

とくに予算を設けない場合は、この作業はスキップしても問題ありません。

「財務」で使用するのは「ＰＥＲ」「ＰＢＲ」「配当利回り」「ＲＯＥ」「自己資本比率」の５項目です。株式投資初心者の方にとっては、配当利回りと自己資本比率についてはなんとなくイメージがわくかもしれませんが、他の３つについてはおそらくチンプンカンプンではないかと思います。

ひとつずつ見ていくことにしましょう。

〈ＰＥＲ〉

ＰＥＲとは Price Earnings Ratio の略で、日本語では株価収益率といいます。

ＰＥＲは株価が割安か割高かを判断する際に用いられる投資指標のうちもっとも代表的なもの

であり、現在の株価は一株当たり当期純利益の何倍の値段が付けられているのかを示しています。

たとえばある企業のPERが10倍だとすると、その企業の株価は一株当たり当期純利益の10倍の値段が付けられていることを意味しています。PERが20倍なら、株価は一株当たり当期純利益の20倍の値段がついていているということです。

つまり、PERに関してはその数値が**大きければ大きいほど株価は割高**だということになります。当然ながら、小さければ小さいほど割安だということになります。

〈PBR〉

PBRとはPrice Book-value Ratio の略で、日本語では株価純資産倍率といいます。

PBRはPERと同じく株価が割安か割高かを判断する際に用いられる投資指標であり、現在の株価は一株当たり純資産の何倍の値段が付けられているのかを示しています。

PERと同様に、数値が**大きければ大きいほど割高**、小さければ小さいほど割安ということになります。

〈配当利回り〉

配当利回りとは、株価に対して1年間に受け取ることのできる配当がどれくらいあるのかを示す投資指標です。パーセントで表され、数値が大きければ大きいほど、株価に対して受け取ることのできる配当が多いということを示しています。

例えば1000円で購入した株の配当利回りが3％だとすると、1年間に30円の配当を受け取ることができるということです。

ちなみに企業の中には配当を行っていない無配企業があり、この場合の配当利回りはもちろん0％となります。

〈ROE〉

ROEとは Return On Equity の略で、日本語では自己資本利益率といいます。

ROEは企業がどれくらい効率よく利益を稼ぎ出しているかを示す投資指標であり、パーセントで表されます。**大きければ大きいほどその企業は稼ぐ力が高く**、小さければ小さいほど稼ぐ力が低いことを示しています。

ROEは近年とても注目されている投資指標であり、私も非常に重要視しています。

〈自己資本比率〉

自己資本比率とは、企業の総資産のうち、返済の必要のない自己資本がどれくらいあるのかを示す財務指標です。

パーセントで表され、この数値が**大きければ大きいほどその企業の財務はより健全**であり、投資する際の安全性が高いことを意味しています。
しかしそれと同時に、この数値があまりにも高い場合は資金の有効活用という点からみて問題がある可能性もありますので注意が必要です。

以上、５つの投資指標について駆け足でみてきました。

本書では紙幅の都合上、これ以上深く立ち入ることはしませんが、これらの指標については分かりやすく解説された良書やインターネットのサイトもたくさんありますので、さらに深く理解したいという人はご覧になってみてください。

実際にやってみよう！

さて、これらの指標について一通りみてきたところで、次は実際に入力する段階に進みます。

まずＰＥＲですが、これは20～30倍のあいだで上限を設定します。

日経平均のＰＥＲがおおむね13～15倍で推移していることから、20～30倍の上限を設定することにより市場平均よりもやや割高ではあるものの、その分**成長性も高いと思われる企業**をリストに含めることができます。

PERの項目にあるチェックボックスにチェックを入れてから、右側の上限入力用ボックスに数値を入力します。下限はとくに設定しませんから、左側の下限入力用のボックスはそのままにしておいて大丈夫です。

PBRは上限の数値を3~5倍のあいだで設定します。

日経平均のPBRがおおむね0・9~1・5倍で推移していることから、3~5倍の上限を設定すれば、多少割高ではあるものの**成長に期待することのできる企業**をリストに含めることができます。

PERと同様の手順で入力してください。

配当利回りに関しては上限ではなく下限を設定します。

チェックボックスにチェックを入れてから、左側の下限入力用ボックスに2~3のあいだで数値を入力しましょう。

日経平均の配当利回りがおおむね1・3~1・8%で推移していることから、2~3%という下限を設定することにより、**市場平均よりも配当利回りが高い企業**をリストアップすることができます。

次にＲＯＥを入力します。これは下限を10〜12％に設定します。

日本企業全体のＲＯＥがおおむね５〜８％で推移していることから、10〜12％という下限を設定することにより、**平均よりも稼ぐ力の高い企業**をリストアップすることができます。

最後に自己資本比率です。これは下限を30〜50％のあいだで設定しましょう。

自己資本比率は高ければ高いほど財務が健全で倒産可能性が低いということを意味し、投資する際に一種の安心感をもたらすものではありますが、自己資本比率が高いということは裏を返せば稼いだお金を手元に溜め込んでしまい、有効に活用することができていないという可能性を示している場合もありますので注意が必要です。

そういった意味でもここでは30〜50％という数値を設定します。

ここまでの数値入力が完了したら検索ボタンをクリックします。すると全企業の中から設定した条件に該当する企業がいくつあったのか、その数が赤い文字で表示されます。

ここまでみてきた設定を用いたばあい、概ね１００〜１５０社前後の企業が該当しているのではと思いますが、いかがでしょうか？

これよりも大幅に多い、または少ないという場合には、各設定を範囲内で調整することにより該当する企業数を調節することができます。

100社程度がピックアップされることを目標に、各設定を調整してみてください。


さあ、ここまでの手順がすんだら、いよいよ企業分析に移ります。

リストアップされた100社の中に、永遠に保有することのできる金の卵が含まれていることを祈りつつ、丁寧に企業の分析をすすめていくことにしましょう。


しかし、その前にいくつかお話しておくことがあります。

それは、**スクリーニング以外での投資候補の見つけ方**です。

スクリーニングは使いこなせば非常に強力な味方となってくれるものですが、それだけに頼っていては絶好の投資機会を逃してしまうことになりかねません。

私の場合でも、スクリーニングを通して絶好の投資機会にめぐり合った場合もあれば、これからお話する方法を通して見つけたという場合もあります。

絶好のチャンスを逃さないためにも、永久保有銘柄に出会う方法をあと3つ、お話したいと思います。

SBI証券
株価検索
サイト内検索
よくあるご質問
お問い合わせ
サイトマップ
ポートフォリオ
取引
口座管理
入出金・振替
ログアウト
マーケット
国内株式
外国株式 海外ETF
投信
債券
FX
先物 オプション
CFD eワラント
金・銀 プラチナ
NISA つみたてNISA
iDeCo
銀行
保険
手数料
取扱商品
ツール・アプリ
サービス案内
積立
ロボアド
ST
キャンペーン
学ぶ
セミナー
お店で相談
IFAご案内
会社情報
ログイン履歴
重要なお知らせ(46)
当社からのお知らせ(11)
口座状況
買付余力
0円
口座管理
入金
出金
振替
クレカ積立 いよいよ 開始
スタートダッシュキャンペーン
クレカ積立のご利用で最大3.0%分のVポイントがもらえる
おトク!
詳細はこちら
クレカ積立開始!
キャンペーン開催中
ポイント付与率 最大3.0%
三井住友カードサイトに遷む
ポートフォリオ
取引
お客さま情報設定・変更
銘柄をさがす
国内株式
米国株式
投資信託
銘柄名・コード・キーワード
検索
株主優待
テーマ投資
銘柄スクリーニング
人気急上昇の検索ワード
アシロ
ドリコム
i-reit
ヴィッツ
大黒
日本株低迷の要因と立ち直りへの条件とは?
ひふみの買付条件達成で1,000名様（抽選）にプレゼント!
【今がチャンス】他社からSBI
各種注文受付及び訂正/取消結果・失効等の詳細は注文照会にて、本機能の詳細はヘルプにて各々ご確認ください。
お取引・口座開設

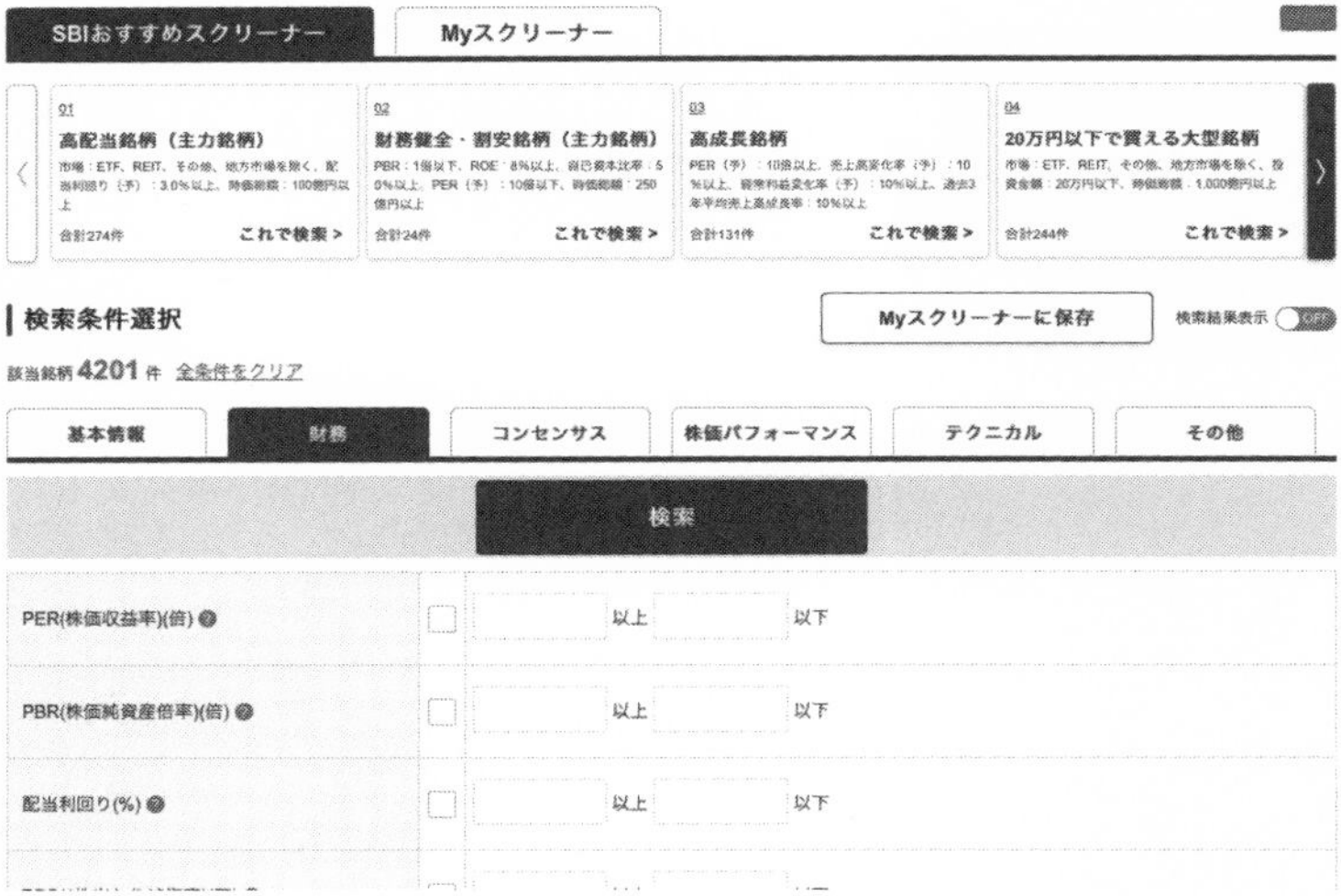
SBIおすすめスクリーナー
Myスクリーナー
01 高配当銘柄（主力銘柄）
合計274件
これで検索 >
02 財務健全・割安銘柄（主力銘柄）
合計24件
これで検索 >
03 高成長銘柄
合計131件
これで検索 >
04 20万円以下で買える大型銘柄
合計244件
これで検索 >
検索条件選択
Myスクリーナーに保存
検索結果表示
該当銘柄 4201 件
全条件をクリア
基本情報
財務
コンセンサス
株価パフォーマンス
テクニカル
その他
検索
PER(株価収益率)(倍)
以上
以下
PBR(株価純資産倍率)(倍)
以上
以下
配当利回り(%)
以上
以下

スクリーニング以外のピックアップ法　その①『日経新聞』

まず１つ目は日経新聞です。

新聞を読むに際しては、読売新聞や毎日新聞などの一般紙ももちろん結構なのですが、株式投資を行うにあたっては、可能であれば日本経済新聞を購読されることをおすすめします。経済専門紙だけあって、一般紙ではけっして得ることができない情報を得ることができます。

経営者を含め最前線で活躍するビジネスパーソンの多くは日経に目を通していますから、同紙をとおして日常的に**彼らと同じ情報に接しておく**ことは有意義なことであり、そこで身につけた知識は、投資するにあたっての企業分析や株を保有した後に企業の動向や業績をフォローする際などに必ず役に立ちます。

ちなみに楽天証券に口座を開設すると日経テレコン（楽天証券版）を無料で利用することができます。

日経テレコンとは日本経済新聞社が提供するビジネスデータベースサービスのことで、楽天証券版では日本経済新聞（朝刊・夕刊）、日経産業新聞、日経ＭＪなどの閲覧（３日分）、過去１年分の新聞記事検索、日経速報ニュースの閲覧を行うことができます。

パソコンでもスマホでも読むことができ、紙の紙面をそのまま表示することもできるのでとても便利です。私はこの機能のヘビーユーザーです。

口座開設は無料ですので、まだ口座をお持ちでない方は開設を検討されてみてもよいかもしれません。

日経新聞を欠かさず読んでいると思いがけないタイミングで素晴らしい銘柄とめぐり合うことがあります。

とはいっても、これが永久保有銘柄だ！　といったような直接的な表現として記事になっているわけではありません。

企業についての**些細な記事のなか**にも、チャンスは埋もれているのです。

たとえば私の場合ですと、次のようなことがありました。

不正送金の被害が増えているというニュースが世間を騒がしていたとき、ある企業が新しいテクノロジーを使った強固な本人認証システムを開発し、リリースしたとの記事が目にとまりました。

新技術そのものが気になったのではありません。気になったのは、この記事を読んだときというのは、不正送金が増えているとの報道が出だしてからそんなに時間がたっていなかったということ。

不正送金という世の中の新たな脅威がささやかれ始めてから間もないこの段階で、すでに対応する技術の開発を終え、商品としてリリースまでしている。

これはすごいことだと思いました。

まず世の中の課題に敏感であること。その課題に対して迅速に取り組むことができていること。そして短期間で魅力的な新商品として完成させ、きちんと上市していること。

このようなことが実行できるのは、社会貢献意欲が高く優秀な人たちがチームワーク良く働いている企業に違いないと、ピンと来たのです。

すぐにその企業について調べると、記事から推測したとおりの素晴らしい企業であることがわかりました。

私はその日のうちに投資することを決めました。

その企業の株は途中一度の買い増しを行い、現在でも継続して保有しています。


普段から、**さまざまな角度から記事を読み解く**ことを意識して日経新聞を読んでいれば、それはおのずと習慣になっていきます。

そしてそうすることによって、ありふれた小さな記事の中にも投資のチャンスを見出すことができるようになります。

スクリーニング以外のピックアップ法　その②『街歩き』

通勤や通学、休日のショッピングなどで街を歩く機会は多いと思います。そのようなときも、ぜひアンテナを張り巡らせながら歩いてみてください。

最近できたばかりの飲食店に行列ができている。
最近、同じバッグを持っている人をよく見かけるようになった。
職場の周りに同じチェーンのカフェが増えてきた。
駅前の一番目立つところにアパレルメーカーの大きな看板ができた。

こういったことはそのどれもが、**成功する投資のヒント**を含んでいます。
私の場合は次のようなことがありました。

当時勤めていた職場の近くにコインパーキングがありました。
看板のデザインはかわいらしくて目立つものでしたがそれまでに目にしたことはなく、どこか小さい会社が運営しているのだろうと思い、はじめは気にも留めませんでした。

しかし、毎日通勤でその前を通っているうちに、このコインパーキングはほとんどいつも満車であることに気付いたのです。

それは繁華街のちょうど真ん中にあり、立地としては申し分なかったと思いますが、「立地だけでこれほど満車が続くものなのか。それともなにか秘密があるのか」と、とても気になるようになり、その前を通るたびにチラッと横目に見て稼働状況をチェックするのが習慣のようになっていきました。

しかし、運営会社が上場企業だとは夢にも思わなかったので、この段階ではまだ投資対象として認識していたわけではありませんでした。

ところがその後、新しい投資対象を見つけようとスクリーニングを行っていたところ、なんとこのコインパーキングの社名が検索結果の中に見つかったのです。

調べてみると、全国規模でコインパーキングの運営をしている会社で業績もすこぶる好調、しかも割安ときていました。社長の考え方もとても賛同できるもので、私は迷わず投資を決めました。**実際に繁盛している様子**を目の当たりにしていたので、投資に際して安心感があったというのも大きな理由としてありました。

この会社の株は大きく値上がりしましたが、他のさらに良い投資機会に資金を移すために売却してしまいました。手放すのは残念でしたが、とても良い投資経験をさせてもらうことができました。

街歩きで得た情報が直接成功する投資に結び付く場合もありますし、私のように間接的に投資につながる場合もあります。

投資のチャンスは身の回りのいろいろなところに潜んでいます。常にアンテナを張り興味をもって街を歩くことは、きっといつか素晴らしい投資機会につながるはずです。

スクリーニング以外のピックアップ法　その③『ユーザーとして』

私たちは消費者として日頃からたくさんの製品やサービスを購入しながら生活しています。それらの製品やサービスは、私たちがほんの少し注意深く観察してみれば、**またとない投資機会**となる可能性を秘めています。

そもそも、企業の業績向上につながるのは消費者の支持を多く集めることのできる製品やサービスであることを考えると、一消費者である私たちが好み、ファンになるような素敵な商品であれば、それが企業の成長につながる人気商品となる可能性は十分にあると考えられます。

みなさんが大好きな商品であれば、他の多くの人たちもその商品を好んでいる可能性は大いにあります。そしてそこに投資のチャンスは隠れているのです。

私はあるメーカーの腕時計を愛用しています。

中学生のころに父親からプレゼントとしてもらったのをきっかけに、このメーカーの腕時計がとても好きになりました。

以来、いくつか他社製のものを購入しつつも、やはり一番長く愛用しているのはこのメーカーのもので、お店で見かけるとついつい足を止めて見てしまったりします。

このように好きな商品ですから、カタログを熱心に読んだり、オフィシャルサイトで情報を仕入れたりすることもしばしばで、自然と**商品についての知識**も増えていきました。そして、私のほかにも世界中にたくさんのファンがいることも分かってきたのです。

このように個性的で世界中に多くのファンを持ち、性能も申し分ない腕時計であればこれからも売れ続けるであろうし、ファンの数も増えていくに違いないと、このメーカーに投資することを考え始めました。

調べてみると、売上のほとんどをその腕時計に依存しているという懸念材料はあったものの、この腕時計はそれを補って余りある成長を遂げていくという確信を自分のなかで持つことができたので、私はこのメーカーへの投資を決めました。

以来、この腕時計は順調に売上を伸ばしており、意欲的な新製品を生み出し続けています。株価も大きくとまではいえないものの上昇しており、これからも永遠に保有していくつもりでいます。

好きなもの、ファンであるものに対する知識というのは自然と増えていくもので、私の場合もそうでした。

この商品については、その製造元の社員よりもよく知っている。

そういった商品がもしみなさんにもあれば、それは素晴らしい投資機会へとつながるかもしれません。

なにより、大好きな商品を作っている会社の株主になることはとてもうれしく、楽しいものです。**大きな満足感**を得られるものです。

会社について知ろうという意欲も起こりやすいでしょうし、業績や企業文化に対する興味もきっと長続きするはずです。

このように好きな会社に投資することはいいことずくめのようにみえますが、ひとつ注意しなければならないことがあります。それは、

「好きだから、という理由だけで買ってはいけない」

ということ。

好きだからという理由だけで株を買って成功するほど投資は甘くありません。

ですが、きっかけとしては素晴らしいと思います。

投資を実行する前に、面倒でもかならず企業分析をおこなうこと。

このことさえ忘れなければ、**好きだという感性**はみなさんの強い味方になってくれることでしょう。

【私のビビリ話1】確信が揺らいで買えない！　あれだけ調べたのに…

あるとき、スクリーニングで有望な投資対象にめぐり合い、きちんと企業分析を行いました。

その結果はすばらしいもので「この株なら永遠を目標に保有することができそう！」と思えるものでした。

しかし、投資するのは自分が働いて貯めた大事なお金。損をするのは絶対に嫌。

いざ注文ボタンをクリックしようとすると、損をしたくない、失敗したくないという気持ちが心の中でむくむくと膨れだし、

買って本当に大丈夫か？

何か見落としていることはないか。

今の株価は本当に割安なのか。

他にもっと良い銘柄があるのではないか。


こんな考えが頭をよぎりだしました。

あれだけ調べて確信したはずなのに、いざ買おうとするとその確信が揺らいでしまい、結局買うことができない…

そうこうしているうちに結局その日は買えずじまいに。

翌日から株価は少しずつ上がりはじめ、1か月くらいすると買おうと思っていた頃のおよそ1・5倍の値段にまで上がってしまいました。


まだ株価が安かったあの頃、**自分を信じて**買っておけば…

今の値段で買ってしまっては損をすることになる…


今度はこんな考えが頭の中をめぐりだし、自分を責め、結局また買うことができません。

その後株価は最初に購入を検討した頃の2倍強まで上昇しましたが、その時点ではすでに自分の決断力のなさに嫌気がさし、購入をあきらめてしまいました。

最初の時点で自分を信じて買っておけばお金が2倍になったのに…

これは正直、めちゃくちゃ悔しいです。

誰のせいでもない、ビビリな自分が悪い！

そう、その通り。

でも、悔しいものは悔しい！


みなさんはおそらく私ほどビビリではないと思いますが、もしかしたら、私と似たような精神状態に陥ってしまうことがあるかもしれません。

そのようなときには、このことを思い出すようにしてください。


「株の購入に際して、必要な情報が完璧に揃うことはない」


株式投資においては、**限られた情報しかない中で**決断を下すことが求められます。

リスクをすべて排除するために、必要な情報がすべて揃うまで待ってから決断しようと考えていると、いつまでたっても投資することができなくなってしまいます。

結局のところ、しっかりと企業分析を行いこの企業は有望だと確信したのであれば、あとは思い切って株を買うべし！　ということなのです。

第4章ではスクリーニングをはじめとして、永久保有銘柄の候補を見つける方法についてお話してきました。

この章でお話した方法を用いて永久保有銘柄の候補をピックアップしたら、次はそれらを分析していくという作業に移ります。

実践編の3つのステップにおいて最も大切になってくるのが次の第5章（ステップ2、企業分析）ですので、しっかりとお読みいただければと思います。

第５章

STEP 2
気になった企業を調べてみよう

企業分析が超大事な理由

なぜ、企業分析がそれほど大切なのか。

それは、本書において何度もお伝えしてきたとおり、株を永遠を目標として保有するためです。分析を怠り、企業の事業内容や財務状況、競合他社に対する強みなどについて十分に理解しないまま株を購入してしまうと、株価が下落しはじめたときに怖くなって売ってしまう可能性が非常に高くなります。株価が回復することを信じきれず、もっと下がってしまう前にこの辺りで売っておこうと考えてしまうのです。

または少し株価が上がっただけですぐに売ってしまうことにもつながります。そのまま保有を続けていればさらに大きな利益が手に入ったのにも関わらず、それを信じることができず、せっかく上がった株価がもとに戻ってしまうことを恐れ、そうなる前に売ってしまおうと考えてしまうのです。

企業分析をしっかりと行うことによって、そのような状況に陥ってしまうことなく、**永遠という目標からブレずに**株を保有していくことが可能となります。

企業分析においては、企業を2つの側面から見ていきます。

ひとつは定量面の分析です。定量面とは数値として表すことができる要素のことで、企業分析においては売上や営業利益、財務状況などを指します。

いっぽう、数値として定量化できないもの、たとえば経営陣の優秀さや企業の持つブランド力、素晴らしい企業文化などを定性面とよびます。

定量面・定性面の**両方からアプローチ**していくことで、企業をより深く理解することができます。

本書においては、これらの分析は主に会社四季報と企業のホームページを用いて行っていくこととします。

それでは、まずは定量面からスタートしましょう。

〈定量面の分析〉

業績・配当のトレンドは!?

まずは業績と配当の状況を見ていきます。

ＳＢＩ証券のサイトでスクリーニングを行った場合は、検索結果にある社名をクリックするとその会社の情報ページに移動しますので、そこにある「四季報」のボタンをクリックします。

会社四季報の業績欄を見て、売上、営業利益等の項目ごとにそれがどのように推移しているかを読み解きます。

まず、業績が安定していないようであれば投資を見送ります。

業績が安定していないとは、たとえば、
・売上の額が年によって大きく変化している。
・赤字になったり黒字になったりを繰り返している。
・過去に記録した最高益に到底及ばない利益水準である。
などをいいます。

私たちが理想とするのは、毎年着実に売上と利益を増やしている企業です。

数年に一度、減収となってしまうのはかまいません。

ですが、減収が続いていたり、増収と減収を交互に繰り返しているようであればいけません。

多少の変動はあっても、全体的な傾向として**増収増益基調が明らか**な企業であれば業績のチェックはクリアです。

業績と同様に配当の推移をチェックします。

毎年増配しているようであれば最高ですが、そうでなくても、減配さえしていなければよしとします。

頻繁に減配する企業というのは、そもそも業績が不安定であるか、そうでなければ株主目線の足りていない企業である可能性が高いからです。

多くの株主は減配を特に嫌がりますから、きちんと株主のほうを見て経営している企業であれば、**安定配当及び増配**というのは大きな経営目標として掲げてあるはずなのです。

ちなみにまだ上場して間もなく、これから大きく成長していく段階にある企業の場合は配当を行わないというケースもあります。

配当がないのは残念ではありますが、それを補って余りある成長が見込める場合は、投資することは十分合理的だと思います。

財務健全性のチェック

ここでは利益剰余金と有利子負債のバランスをチェックします。

利益剰余金とは、企業が稼いだお金のうち社内にプールしているものを指します。

有利子負債とは、会社の抱える負債のうち利子をつけて返済しなければならないものをいいます。

この2つを見て、利益剰余金よりも有利子負債のほうが多いという場合は注意が必要です。

そのような企業については、相応の理由がある場合は別として、基本的には投資を見送ることとします。

理想のキャッシュフローのかたち

キャッシュフローとは、現金の流れのことです。

営業キャッシュフローとは事業活動によって稼いだ現金のことを指しますので、これはプラスであることが望ましいです。

営業キャッシュフローがマイナスの企業は、特別の理由（不可抗力による一時的な減収など）がないかぎり投資を見送ります。

投資キャッシュフローとは、どれくらいのお金を設備などへの投資に使用したかを表しており、**企業の成長意欲を測る物差し**となります。

よって、投資キャッシュフローはマイナスであることが望ましいといえます。

ここがプラスの場合は、それだけを理由に投資を見送るべきとは言いませんが、注意しておく必要があります。

財務キャッシュフローとは資金調達の状況を表していて、これがプラスであれば新たな借り入れによって負債が増えたことを意味し、マイナスであれば借金を返済することによって負債が減ったことを意味しています。

財務キャッシュフローは基本的にはマイナスが望ましいです。

ここがプラスになっている場合は負債が増えているということですから、そのような企業は基本的には避けたほうが無難といえますが、それが毎年のことでなければ特段懸念しなくても大丈夫だと思います。

最後の現金等ですが、これは先の3つのキャッシュフローの結果、最終的に手元に残った現金および現金同等物のことをいい、当然のことながらここはプラスとなります。前期と比べて大幅に減少しているようなことがなければ、特段注目しなくても大丈夫でしょう。

以上のことから、営業キャッシュフロー、投資キャッシュフロー、財務キャッシュフローについては上から順に、

「**プラス、マイナス、マイナス**」

と並んでいるのが最も望ましいかたちといえます。

過去最高益という重要なカギ

次にチェックするのは、過去最高益です。

その企業のこれまでの歴史の中で利益が一番大きかったのはいつなのか。そしてその額はいくらであったのかをチェックします。

過去最高益を叩き出したのがはるか昔のことであり、足元の利益水準はそれに遠く及ばないというような状況であれば投資を見送ります。

理想とするのは、直近の年度まで毎年過去最高益を更新してきている企業です。

企業が成長していくということは、言い換えれば**過去最高益をどんどん更新していく**ということであり、足元で毎年過去最高益を更新している企業というのは、まさに成長の真っただ中にあり、これからも成長を続けていく可能性が高いと考えられるからです。

数年前に過去最高益を更新しており、今後近いうちにふたたび更新するであろうことが見込める場合も、投資に前向きになるべきサインといえるでしょう。

そのような企業に投資する場合は、見込みどおりに過去最高益を更新するかどうか、毎期注視しておくことが大切です。

5-6 時価総額で変わるポテンシャル

さいごに「株式」欄の時価総額を見てみましょう。

時価総額とは「株価×発行済み株式数」で導かれるもので、その企業の規模を表すものです。

厳密な定義はありませんが、一般的には、

・時価総額2000億円超の企業を大型株
・時価総額1000〜2000億円の企業を中型株
・時価総額1000億円未満の企業を小型株

と呼ぶことが多いようです。

時価総額が大きいから、または小さいからという理由で投資を見送ることはありませんが、この数字を知っておくことはとても大切です。なぜかといえば、株価の動き方に**それぞれ特徴がある**からです。

相対的に見て、時価総額が大きいほど株価の値動きは重く（変動幅が小さい）、時価総額が小さいほど値動きが軽くなる（変動幅が大きい）という傾向があります。

この知識を頭に入れておくことによって、いざ株を保有したとき、値動きの重さにしびれを切らしてしまったり、または値動きの軽さに驚いてしまったりするのを避けることができます。

株価がどのような動き方をするのか、あらかじめ予想し心積もりしておくことにより、値動きに振り回されずに**冷静に保有を続ける**ことができるのです。

あくまでも1つの傾向としてですが、

・大型株＝ダウンサイドリスクは小さいが、アップサイドポテンシャルも小さい。
・中小型株＝ダウンサイドリスクは大きいが、その分アップサイドポテンシャルも大きい。

このような図式が成り立つと思います。

私は将来へのポテンシャルの大きさから、中小型株への投資も積極的に行っています。


さて、ここまで定量面からの分析をおこなってきました。

これらすべてをクリアした企業があったならば、次は定性面の分析を行っていきます。

企業分析において最も大切な作業であり、同時に最も楽しい作業でもあるのがこの定性面の分析です。

みなさんの感性、知力、想像力をフル活用しながら、楽しんで行っていただきたいと思います。

〈定性面の分析〉

第一印象の法則

それではまず、会社四季報の企業概要からみていきしょう。

はじめに「特色」の欄を読みます。

これはその名の通り企業の特色を短く的確にまとめたもので、ものすごく価値のあるものです。

この「特色」を最初に読んだときの印象（その企業への第一印象）はとても大事です。

人間関係においては、第一印象が悪いよりも良かったほうがその後良い関係を築くことができる可能性が高まります。

企業との出会いもこれと同じで、**第一印象がとても肝心**なのです。

人間関係においては、第一印象が良くなかったからといってその人物との交流をいっさい絶ってしまう、といった極端な行動は慎むべきですが、こと企業分析に関してはそうともかぎりません。

企業との出会いにおいて第一印象が悪かった場合、つまりこの「特色」を読んだ時点でピンと来ないようであれば、私はそれ以上の分析をやめて次の候補に移ってしまいます。

ピンと来ないというのはたとえば、

・この欄を読んでもその会社が何をやっているのかよく分からないとき
・この欄を読んでもその内容にまったく興味が湧かないとき

などをいいます。

反対にピンとくるのはどのようなときかというと、

・高シェア、トップ、最大手、首位、独走、強み、熱心、独自技術など、**キラリと光るワード**が含まれているとき
・自分の興味のあるワードが含まれているとき

などです。

この第一印象でのふるい分けは、さまざまな企業の「特色」欄を読み、知識が増えていくにつれて必ず洗練されていきます。そしてきっと、みなさん独自の基準ができあがってくるはずです。

ちなみに、仮にスクリーニング結果が１００件あったとして、ふるい分けの末、そのすべての企業にピンと来なかったということも往々にしてあります。

そういった場合は無理に投資しようとせず、素直にあきらめましょう。企業は他にもまだまだたくさんあるのです。ピンと来ない企業、キラリと光るものを感じない企業に投資しても成功は望めません。

焦って投資先を見つけようとしてもうまくはいかないのです。

焦っているときというのは、早く投資したいがゆえに、目の前の企業が絶好の投資機会であると思い込もうとする心理がはたらき、**実際よりも高く企業を評価**してしまいがちです。

このような心理状態では、適切な企業分析を行うことはできません。

企業分析を行うときは、心の余裕を持って行うようにしましょう。

5-8 事業内容は理解可能か!?

特色を読んでピンとくる企業があったら、事業内容についてより深く調べます。

調査に用いるのは企業のホームページです。ホームページを隅々まで見て、その企業がいったい何をして儲けているのか、事業のどのような点に特徴があるのかをしっかりと理解するようにしましょう。

メーカーなら、製品を作ってそれを売っている。
小売りなら、商品を仕入れて、それを売っている。
ＩＴなら、ソフトウェアを開発してそれを売っている。
物流なら、物を運んでお金をもらっている。
飲食なら、お店で料理を出し、お金をもらっている。

これくらいのことはわざわざ調べるまでもなく誰にでも分かることです。でも、これが分かったところで投資に際しては何の役にも立ちません。
投資に必要なのは**もう一歩踏み込んだ理解**です。

メーカーなら、
その製品は他社と比べてどんな特徴、違いがあるのか。
性能が良いのか、デザインが良いのか。
環境にやさしい原料を使っているのか。

製品そのものではなく作り方になにか強みがあるのか。
製品の熱心なファンはいるか。

小売りなら、
消費者がそのお店で買う理由はなにか。
安さが売りなのか、品ぞろえが売りなのか。
売り方にはどのような工夫、特徴があるのか。
店舗の数、分布はどうなっているのか。
ＥＣには力を入れているか。

ＩＴなら、
どこに優位性があるのか。人材か、技術か。
商品やサービスは時宜にかなったものか。
テクノロジーを過信していないか。
一過性のテーマを追いかけていないか。
技術と同じく営業にも創意工夫と熱意があるか。

物流なら

何を運ぶのが得意なのか。
どのように運ぶのが得意なのか。
専門特化型か、なんでも運ぶのか。
ドメスティックか、インターナショナルか。
クライアントのニーズには敏感か。

飲食なら

おいしさが売りか、安さが売りか。
店舗は郊外に多いか、都市部に多いか。
DXに対して進歩的か。
接客に重きを置いているか。
店舗は増えているか、減っているか。

たとえばこのような問いに答えられるようになること。それが**もう一歩踏み込んで理解したこと**の証です。

ホームページには、企業独自の事業内容紹介とは別に決算短信や有価証券報告書など、全上場企業が統一された書式で作成する資料も掲載されていますから、それらも参考にしながら理解を深めていきましょう。

これら統一された書式で作成された資料の優れたところは、同業他社と比較する際にとても便利なことです。

事業の優位性やその企業ならではの特徴などは、同業他社と比較することではじめて見えてくる場合があります。

これらの資料を用い、投資検討中の企業と同時進行でそのライバル企業についても調べてみましょう。

同じ業種でも、各企業にはそれぞれ個性があり、事業に対する独自の方法や考え方を持っていることが分かってくると思います。

そうすると企業を分析する際の視点が増え、**さまざまな角度から企業を見る**ことができるようになります。

このように調査・分析を進めてきて、その企業の事業内容、特徴、同業他社との違い、強みなどをしっかりと理解できればよいのですが、どれだけ資料を読み込んでもいま一つピンと来なかったり、何かが引っかかったりした感じが拭えない場合があります。それは、

「頭で理解はできているが、感情では理解できていない」

というサインであり、そういった場合はその企業には投資すべきではありません。

ここでいう「感情」というのは、「心」と言い換えてもよいかもしれません。

「この会社はこれこれこういうことをやっていて、ここがすごいところである」と頭では分かっても、心が「ふうん、なるほど」としらけている場合は、本当に理解したことにはなりません。

「この会社はこれこれこういうことをやっていて、ここがすごいところである」と頭で分かって、心も「おお、そうか、それはすごい！」と賛同する場合のみを、**本当に理解した**というのです。

後者の場合にしか投資を行わない、ということを徹底してください。

紙に書いてよく見えるところに貼っておいてもよいくらいです。

前者のような理解レベルで投資を行ってしまうと、株価の下落局面で必ず不安になります。頭では理解しても、それを心にまで落とし込めていないという場合、少しの株価下落でも自分の決断を疑い始めてしまいます。そうなるともう、成功は望めません。これ以上下がってしまったらどうしようとビクビクしながら日々を過ごすのはとても辛いことです。

そうならないためにも、
「この企業の事業内容を自分は本当に（頭だけでなく心でも）理解したといえるか」
と自問することを怠らないようにしてください。

ちなみに、すべての企業の事業内容をしっかりと頭と心で理解できないからと言って自分を責める必要はまったくありません。

企業に個性があるように、私たち人間にも個性があります。

そして個性と個性が出会う場所には、**相性という概念**が生まれます。

もしみなさんがある企業の事業内容をしっかりと頭と心で理解することができなかったとしても、それはみなさんの能力不足を表すものではけっしてありません。ただ相性が悪かっただけです。

相性の良い企業のことは非常に理解しやすいのに対して、相性の悪い企業のことはてんで頭に入ってきません。

それでよいのです。

相性があるからこそ、得意分野と苦手分野が生まれるのです。

企業分析を続けていくうちに、おそらくみなさんは自分の得意分野と苦手分野を悟り始めることでしょう。

そうなったらしめたもの！

得意分野に集中して企業分析を行っていけばよいのです。苦手分野にわざわざ取り組む必要はありません。

得意分野に集中していれば、その分野にどんどん詳しくなっていきます。

ある分野に詳しくなるということは、専門分野を持つという意味において投資家としての明確なアドバンテージとなります。

事業の強みや弱みを見抜くちから、すなわち洞察力が高まり、さまざまな資料を読む際にもその行間を読みとることができるようになります。

そこに書いてある事実から、そこには書かれていない事実を推測する能力が高まり、企業の将来について**自分独自のストーリーを描く**という能力が洗練されていきます。

そうするとますます株式投資が楽しくなっていき、成績も向上していくという最高最強のサイクルに足を踏み入れることができます。

反対に苦手分野に拘泥してしまうと、時間はかかるのにも関わらず思わしい成果を上げることができず、企業分析がどんどん億劫になってしまいます。

苦手分野をパスして自分の得意な分野に集中することは逃げではなく戦略です。

株式投資を行ううえで最も犯してはならないミスは、すべてに精通しようと努力すること。そんなことは誰にもできません。

すべての企業について万遍ない知識を持っている人よりも、いくつかの分野において深い知識を持っている人のほうが、株式投資において成功する可能性は高いでしょう。

ですから、いくら資料を読み込んでもなかなか理解できない、つまり心が賛同しないという場合は、その企業とは相性が悪かった、縁がなかったと割り切ってしまい、投資対象をもっと自分と相性の良い企業、分野へと移すことが大切です。

その結果として、結局たった1つの得意分野しか残らなかったとしても大丈夫です。

株式投資の成否を分けるのは、得意分野がどれだけ多いかで決まるものではないからです。

成否を分けるのは、得意分野と苦手分野の線引きを明確にし、**得意分野から出ずに**その中にとどまり続けることができるかどうかです。

得意分野、興味のある分野がたった1つしかないのであれば、それでもよい。

その分野に対する知識を深め、その分野以外の投資対象にはけっして手を出さなければ、かならず成功することができます。

これらのことを念頭に置きながら、事業内容の分析に取り組んでいただければと思います。

5-9

株主構成からわかること

会社四季報にはその会社の大株主の状況が載っています。第10位までの大株主の名前、保有株数と発行済み株式数に対する割合を知ることができます。ここからは様々なことを読み取ることができます。

〈創業経営者が大株主〉

これはプラスの判断材料です。

一般的に創業者は自分が苦労して作り上げた会社に対して深い愛情と思い入れを持っており、**会社の存続と成長への意欲**はきわめて高いといえます。

並々ならぬ情熱で経営を推し進め、持続的な成長を実現していくこと、そしてその結果としての株価の上昇を期待することができます。

さらに自身が大株主として多数の株を保有しているわけですから、当然、その経営方針は株主利益を重んじたものとなり、安定的な配当や増配、自社株買いといった株主還元策の充実をも期待することができます。

創業者本人でなくとも、ご子息等、創業一族の人間が経営を担い、かつ大株主ということであれば同様の期待を持つことができます。

〈経営者が大株主〉

これに次ぐプラスの判断材料は、創業者またはその一族ではないが、経営者が大株主として名を連ねている場合です。

少し話がそれますが、上場企業の経営者のなかには、自分の会社の株をまったく、もしくは非常に少数しか保有していないという人たちが多くいます。

このような経営者は会社の株主たちと利害を共有していないために、次に挙げるような事実をきちんと認識することができていません。

・株主は会社の重要なステークホルダーであること
・企業の経営者は株価上昇への責務を負っていること
・株主還元は**企業経営における最重要課題**のひとつであること

このような経営者が経営する企業の株は買ってはいけません。

自分の経営する企業の今後の成長に自信があるのであれば、経営者自ら相当数の株を保有していてしかるべきです。

経営者として自分の会社に投資してほしいと言いながら、自分自身は自社の株を買っていない。このことを一体どう考えればよいのでしょうか。

私には理解することができません。

よって、私はこのような会社に投資することはありません。


彼らとは違い、自ら相当数の株を保有している経営者もたくさんいます。

そのなかでも、大株主に名を連ねるほど多くの株を保有している経営者は、**自社の将来に楽観的**であるということを身をもって示しています。

そんな彼らに対して、株価上昇への責務をしっかりと果たすとともに、株主への利益還元にも心を砕いてくれるだろうという期待を持つことは十分に合理的であり、投資を判断する際の大きなプラス要因となります。


〈外国人投資家の保有比率〉

一般的に外国人投資家は、国内の投資家と比べて企業の経営状況に関してよりシビアな目を持ち、投資先のパフォーマンスに関して妥協を許さないスタンスで臨むことが多いとされています。

実際、企業に対し対話や株主提案をとおして様々な働きかけや要求をおこなうアクティビスト（物言う株主）は国内投資家よりも外国人投資家に多く、彼らの株式保有比率が高い企業では経営の現場に緊張感がもたらされます。

外国人投資家のすべてがアクティビストというわけではありませんが、彼らは忖度抜きに成長や株主への利益還元についてコミットしてきますし、また業績に陰りが見え始めると躊躇なく投資を引き上げる傾向がありますので、その動向には注意を払っておいて損はありません。

経営に対する**株主からの適度な干渉**は必要であり、これがない場合には、たとえば経営陣の保身のための経営判断がなされたり、あるいは資本効率が低いままに放置されてしまったりと、企業価値を損ねる結果につながる可能性が高くなってしまいますから、彼らが適度に株式を保有しているということは投資判断にはプラスであると私は考えています。

さらに、株主利益に対して非常にシビアな彼らが投資を決断したということは、あらゆる調査の結果、その企業の今後の成長に対して強い期待が持てると判断したということであり、その事実もまた、私たち個人投資家にとってプラスの判断材料であるといえます。

そのようなことからも、外国人投資家の保有比率は最低でも3～5%はあることが望ましいとわたしは考えています。

強固なブランドが持つちから

ブランドとはいったい何でしょうか。

様々な定義があることと思いますが、私はブランドというものを「**商品の持つ世界観**」だと理解しています。

たとえば同じチューインガムでも、A社のガムは楽しくてリフレッシュできるようななイメージと結びついている、いっぽうB社のガムは健康的なイメージと結びついている、といったように、各商品から私たちが連想するイメージや世界観はそれぞれ異なります。

チューインガムだけではなく世の中のありとあらゆる商品は、商品の中身そのものだけではなく、そこに紐づけされたイメージや世界観といったものがセットになっていて、それらが合わさって初めてひとつの総合的な商品となります。

このことを理解しやすくなるような、こんな有名な実験があります。

それは１９７５年にアメリカで行われた、一般消費者を対象としたコーラの飲み比べキャンペーンです。

米ペプシコ社の広告戦略のひとつとして行われたこのキャンペーンはペプシチャレンジと呼ば

れており、参加者にブランド名称を伏せた状態でA社のコーラとB社のコーラを飲み比べしてもらい、どちらがおいしいかを選んでもらうというものでした。

A社のコーラはペプシコーラ、B社のコーラはコカ・コーラでした。

結果、参加者の多くがA社のコーラを、つまりペプシコーラをよりおいしいと答えました。

ここまでは何の問題もありません。純粋な「味」という点においては、コカ・コーラではなくペプシコーラのほうに軍配が上がったということです。

しかしその後、

「コカ・コーラとペプシコーラ、どちらを選ぶか」

とブランド名称を示したうえで問われると、今度は多くの人がコカ・コーラを選ぶという結果になってしまったのです。

純粋な味という点ではペプシコーラに軍配が上がったはずなのに、ブランド名を示されると結果は反対に、つまりコカ・コーラに軍配が上がったのです。

この矛盾する実験結果はペプシパラドクスとして知られていて、多くの科学者たちの研究対象となりました。

この実験から分かることは、私たち一般消費者は商品を選ぶとき、味が好きだから、性能が良いから、といった単純な理由からだけではなく、「**何か他のもの**」も判断材料にして選んでいるということです。

その「何か他のもの」というのが、他でもない「ブランド（世界観）」なのです。

この実験に関していうと、ペプシコーラよりもコカ・コーラの持つ世界観を好む人のほうが多かったということです。


たとえブランド名称を伏せた状態で消費者に選ばれたとしても、味はこちらのほうがおいしい！　と主張することができるくらいのことで、ビジネスという観点からは何の役にも立ちません。


なぜなら、商品の売り場では当然ブランド名称が表示されており、実際に消費者が選ぶ基準とするのは味だけではなくブランド名称までをも含めた総合的な商品価値だからです。

味や性能だけではなく、強いブランド、より消費者を引き付ける**魅力的な世界観**を作り上げることがビジネスにおいての優位性を生み出すのです。


強固なブランドにはファンがついています。

そしてファンはそうやすやすとは他の商品に浮気したりはしません。

その商品から得られる世界観が大好きで、それは他の商品から代わりに得ることはけっしてできないからです。

他の商品では代わりにならないので、少し値段が上がったとしても購入してくれます。

そしてそのブランドから新商品が出れば、思わず手に取りたくなります。

要するに、強固なブランドを持つ企業というのは、その周りを大きな堀に囲まれたお城のようなものであり、ライバル他社が寄ってたかって攻め落とそうとしてもびくともしないものなのです。

このようなことから、企業の定性面を分析する際に「**強固なブランドを持っているか**」と問うことは非常に大切だということが分かります。

会社はトップで決まる！

定性面の分析の最初の項「第一印象の法則」を覚えているでしょうか。

そこでは会社四季報の「特色」欄を読んでの第一印象についてお話ししましたが、ここでいま一度、第一印象の出番がやってまいりました。

名付けて「第一印象の法則2」です。

通常ですと企業のホームページの投資家情報には、経営者の写真とともに投資家へ向けたあいさつが掲載されています。

この「ごあいさつ」に掲載されている経営者の写真をまずはよく見てください。

どのような第一印象を持ちましたか？

優しそう、誠実そう、真面目そう、知的な雰囲気、怒ると怖そう、意地悪そう、オタクっぽい、スーツがダサい、スーツがかっこいい、ネクタイの色が無理、ネクタイの柄が無理、腕時計があからさまに高級品で嫌味、笑顔が素敵、信頼できそう、立ち方が美しい、笑顔がわざとらしい、なんだか偉そう、ワンマンっぽい印象、とても仕事ができそう、等々。

受け取った第一印象は、あとから見返すことができるように必ずノートなどに書き出しておいてください。

写真への第一印象を書き出したら、次はあいさつの文章をしっかりと読んでみてください。

どのような第一印象を持ちましたか？

事業への情熱と使命感を感じた、自社のアピールがものすごい、なんの変哲もない無難なあいさつ、株主やお客様のことをものすごく大事にしている、自社のこれまでの伝統をしっかりと受け継いでいる、短いがこちらが知りたいことがきちんと盛り込まれている、何が言いたいのか分からない、すでに株を買いたくなった、等々。

ここで受けた印象も忘れずにノートなどに書き出しておいてください。

さあこれで、写真、あいさつ文それぞれへの第一印象が出揃いました。

このふたつを総合してもう一度吟味し、この経営者はどのような人物なのか、みなさんなりに推測してみてください。たとえば、

・写真を見た段階では気難しそうな印象を持ったが、あいさつ文を読んでみるとそれは事業への責任感の現れなのではないかと思えてきて、プラス印象に変わった。自分に厳しく、責任感の強い人物だと思われる

・派手なスーツや腕時計から自己顕示欲が強そうとの印象を受けた。あいさつ文の内容も経営者としての自分の実績を誇示するものが中心で、取引先や従業員、株主等への感謝の気持ちは薄いように感じられた。何よりも自分への評価が一番大事だと考えている人物なのではないか

・写真の第一印象は真面目で優秀そうというものであったが、あいさつ文からもその印象通り、地味ながらもコツコツと企業努力を続けていくという姿勢が伝わってきた。忍耐強く意志の強い人物のようだ

といったように、想像力を膨らませながらその**人物像を探って**みましょう。

最近は株主総会や決算発表会見などの様子を収録した動画をホームページに掲載する企業の数も増えてきましたが、これらの動画を視聴することはその人が**どのような人物なのか**を知ろうとする上で非常に参考になります。

これらの動画には、写真とあいさつ文だけでは伝わってこない、経営者やその他経営陣に関する多くの情報が含まれているからです。

話し方や立ち居振る舞い、表情、声のトーン、質問への回答の仕方などから分かることはとても多いので、これらの動画は可能なかぎり視聴してみることをおすすめします。

これらの作業をここまで進めてきたならば、経営者がいったいどのような人物なのか、自分なりにおおよそのイメージがつかめてくると思います。

そのイメージをもってして投資判断の一助とするわけですが、そこで問題になってくるのが、いったいどのような基準を用いて投資にプラスかマイナスかを判断すればよいのか、ということだと思います。

残念ながらこれには明確な基準などはありません。

数値で客観的に表される定量面の分析とは異なり、このような数値化することのできない定性面の分析においてはつねに主観が入り込んでしまう余地が残されてしまいます。ですから、同じ「ごあいさつ」を材料にして行う投資判断でも人それぞれ結果が違ってきて当然なのです。

そのことを踏まえた上であえて申し上げるとすれば、私は、

・能力よりも真摯さ
・派手さよりも堅実さ
・饒舌よりも誠実さ

といった基準をもとに判断することにしています。

企業を持続的に成長させていくためには、経営者自身が自社の従業員や取引先、株主などの**ステークホルダーから信頼される**ということが必要です。たとえいくら知識や経験が豊富で優秀であったとしても、これをきちんと行うことのできない経営者は、会社をうまく繁栄させていくことはできないでしょう。

人間的な信頼感には欠けるところがあるけれども、能力が高く経営センスのある経営者ならば、もしかすると短期的には大成功を収めるかもしれません。私の見るかぎりそのようなケースは実際に散見されます。しかしそのような成功は持続的ではないことがほとんどです。

これまでになかった斬新なビジネスアイデアや強力な営業攻勢などの経営テクニックによって一時成功を収めたとしても、それを持続的なものにするのは、最後にはやはり信頼関係だと私は

思っています。

自社の従業員から信頼される人物。取引先から信頼される人物。そして株主から信頼される人物。

経営者がこのような人物であれば、長きにわたって企業の成長を率いていくことも可能です。

しかし、もしそうでないとしたら、投資を行わないほうが賢明です。

ビジネスにおいて信頼関係がいかに大切であるか、ウォーレン・バフェットはこのように言っています。

『赤字になるのは仕方ない。だが、会社の信用を少しでも失ったらわたしは容赦しない』

経営者は**信頼するに足る人物**かどうか。

企業を取り巻く様々なステークホルダーと信頼関係を築き、維持していくことができる人物であるか。

自分の中でその点をクリアにすることができれば、「第一印象の法則２」は十分に機能したということができます。

自信があるかないかは株の保有数でわかる

「株主構成からわかること」の項でも少しお話ししましたが、経営者を含めた経営陣がどれくらいの数の自社株を保有しているのかを知っておくことはとても重要です。

企業が毎年度提出する有価証券報告書には「役員の状況」という項目があり、そこでは役員それぞれの氏名や略歴とともに自社株の保有数も掲載されています。

投資を決断する前に必ず有価証券報告書には目を通しておくべきですが、もし時間がない等でそれが困難だという場合でも、この「役員の状況」だけは一読しておくことをおすすめします。

基本的には、自社株を多く保有しているということは、その人物は**自社の将来に対して楽観的**であると考えてよいと思います。

そして社外取締役は社内取締役よりも保有株数が少ない傾向があります。

社外取締役とはその名の通り社外の人間であり、取締役会において客観性・独立性に富んだ社外の視点から有益な意見を述べることが求められています。

こういった職務の特性上、独立性を担保するという意味においても、社外取締役は取締役を務める企業の株式をほとんど保有していないケースも多いというのが現状です。

よって、保有株数をチェックする際に重要視するのは社内の取締役であり、社外取締役については参考程度に把握しておけばよいと思います。

これらを踏まえたうえで**各取締役の保有株数**をチェックしてみてください。

実際に何社か調べてみると、いくつかのパターンが見られることに気が付くと思います。

・取締役のほぼ全員が、少数の自社株しか保有していない
・経営者のみ大量の自社株を保有しており、その他の取締役の保有数は少ない
・取締役のほぼ全員が相当数の自社株を保有している

細かな違いはあるかもしれませんが、大別するとこの3つのうちのどれかに当てはまるケースがほとんどだと思います。

この3つのパターンでは右側から順に好ましいと考えてよいと思いますが、一番左のような企業は要注意です。

圧倒的なシェアや強力なブランドを持っている等、事業におけるよほどの強みがないかぎり、このような企業には投資する必要はありません。

先にも述べたように、企業の内実をすべて知る経営陣が自社株を保有していないということは、

彼らが自社の今後の成長に対して**楽観的ではない**ということを強く示唆しており、このような企業に対しては投資しないという姿勢が賢明だと思います。

では次に「相当数」「大量」「少数」とはそれぞれどれくらいのボリュームを指しているのかということですが、これに対しても特に明確な基準などはありません。

私が暗黙裡に意識しているのは保有数そのものではなく、保有数から導かれるおおよその評価金額です。

有価証券報告書に記載されている保有数×株価＝評価金額ですから、計算を行ってこれを導き出します。

ここには分析する人の主観が大きくかかわってきますので一概に言うことはできませんが、私の場合ですと、

・「相当数」はおおよそ数千万円
・「大量」は数億円以上
・「少数」は数百万円以下

というようなイメージで判断しています。

この金額に関しては、企業分析の経験が増えていくにつれてみなさん独自の基準ができてくる

ことと思いますので、あくまで参考としてとらえていただければと思います。

大事なことはあくまでも「役員の自社株保有数から**会社の将来性への考え方**を読み取る」という点にあります。

5-13 理念に込められた「思い」

日々の事業運営において、最も大切にすべきことはなにか。

われわれは日々、いったい何のために働いているのか。

利益を上げること以外に、会社が存在している理由は何か。

これらの質問に答えようとするもの、それが企業

の掲げる「理念」です。最近ではミッションやパーパスなどと呼ばれることもあります。

これらは経営の拠り所となるものであり、その企業の存在意義を定義するといっても過言ではありません。

第1章でも述べましたが、お金儲けのためのお金儲けを行っていたのでは人々や社会から真の意味での共感を得られることはありませんし、そこに真のやりがいを見出すことはできません。

企業というものは利益を出すために存在しているというのは真実ですが、それのみを目的としているような企業は早晩行き詰ってしまうことになるでしょう。

私たちが投資すべきなのは、長きにわたって存続し利益を上げつづける、社会から必要とされる企業ですが、そのような企業であるためには利益を創出すること以外に何か**大きな「目的」**が必要となってきます。

毎日仕事に取り組む際に「自分たちはこの仕事を通じて何か素晴らしいことを成し遂げようとしている」と思えるような、大きな「目的」が必要なのです。

人はそのような大きな目的のためなら喜んで持てる力を発揮するようになります。

そこには大きなやりがいが生まれ、どんな困難でも乗り越えてゆく意志と決意が生まれます。

同じ目的に向かってみなが一枚岩となり、共感とチームワークによって力強く事業を推進していく企業には、およそどんなことでも可能になります。

このような企業になら喜んで投資したいと思いませんか？

私は思います。

それを実行するためにも、**企業理念とその浸透ぐあい**をチェックすることが欠かせないのです。

企業のかかげる経営理念はホームページで見ることができます。

短い言葉で簡潔に表されたものもあれば、数行にもおよぶ長い文章で表現されたものもあり、その内容も形式も企業によってさまざまです。

ランダムに選んだ実際の例を挙げてみます。

・クリエイティビティとテクノロジーのちからで、世界を感動で満たす。（ソニーグループ株式会社）

・ヘルスケアの進化をデザインする（シスメックス株式会社）

・おいしく、たのしく、すこやかに（森永製菓株式会社）

・不易流行（株式会社KADOKAWA）

・NEVER SAY NEVER（ロート製薬株式会社）

見ていただければお分かりのように、一口に経営理念といってもそのスタイルは千差万別です。

日本語のものもあれば英語のものもある。四字熟語の場合もある。各社の個性が色濃く現れています。

これらの経営理念が掲載されているページをよく読んでみてください。

その際はただ字面を追うだけではなく、そこに込められた企業の「思い」をできるだけくみ取るように意識してみてください。

企業理念というのは誰にでも理解しやすいように平易な言葉で表されていることが多く、ただ漫然と字面を追う読み方ではその真意をつかみ取ることができないからです。

たとえば、本書の序文でもご紹介した寿スピリッツという会社の経営理念は、

「喜びを創り喜びを提供する」

「お客様の期待を超えた商品・サービスを提供することで、一人ひとりのお客様に「感動し、喜んでいただく」ことが私たちの喜びです」

となっています。

この経営理念を読み、その内容を理解することは誰にでもできます。

ですが**そこに込められた「思い」**までを理解することはそれほど容易ではありません。

現にもしかすると、この理念を読んで「ありがちな理念だな」と感じた方もなかにはいらっしゃるかもしれません。

正直なところ、顧客第一、社会への貢献、不断の努力、感動や幸せ・喜びの提供といったテーマの経営理念は多いと思います。これはある程度は仕方のないことです。

ビジネスというものの根本が「人々や社会に対して何か有益なものを提供することと引き換えにその対価をもらう」というものであるかぎり、各社の経営理念が根本においてどこか似通ったものになってしまうというのはやむを得ないことでもあります。そこは仕方がありません。

しかし、その理念に込められた企業の「思い」までをもしっかりと理解することができれば、各社の理念は似通ったものなどではなく、それぞれに唯一無二のものであることがわかることと思います。

投資対象の分析にあたり私たちが行うべきことはまさにこれなのです。

つまり、企業の経営理念の字面を追うだけではなく、そこに込められた「思い」をしっかりと理解することです。

ではどうすれば経営理念に込められた「思い」を理解することができるのか。

それは、企業の事業運営を様々な角度から注意深く観察することによって可能となります。

特に注目すべき点は、その経営理念が**どれだけ全役職員のあいだに浸透しているか**ということ。

言葉の上でいくら素晴らしい理念を掲げている企業であっても、それが全社にわたってしっかりと浸透していないのであればまったく無用の長物であり、そこにはなんの「思い」も込められていないのと同じことです。そのような企業は数多くあると思われます。

もしも投資検討中の企業がそれに該当するようであれば、投資は避けておいたほうが無難です。

言葉の裏側にしっかりとした「思い」が込められた経営理念であれば、それは必ず社内全体に浸透していきます。そしてそれは、全役職員の気持ちをまとめ上げる触媒となり、理念の推進とそれに伴う業績の拡大をもたらす大きなパワーとなるのです。

ですから、掲げた経営理念が社内全体に浸透しているかどうかを知ることにより、その理念が本物かどうか、狙い通りに機能しているのかがわかります。

その理念が本物であることが分かれば、投資判断という意味においては半分以上クリアしたも同然なのですが、実際に投資に踏み切る前に、自分のなかにおいてもその理念が腹落ちするかどうかを問わなければなりません。つまり、その理念に自分自身の心も共感しているか、賛同しているか、しっくりくるか、ということを問う必要があります。

成功する投資はつねに「自分ごと」です。このことはぜひとも頭に入れておいてください。「他人ごと」の投資ではけっして成功することはできません。

ですから投資判断においては、その企業の経営理念に対してまるで「自分ごと」のように共感し、賛同し、腹落ちすることができるかどうかが、きわめて大切なのです。

ちなみに私が企業の分析を行う際には、この経営理念とその浸透ぐあいは非常に大きなウェイトを占めています。

短期投資家からすると笑い飛ばしたくなるような話かもしれませんが、永遠を念頭に株の保有を続けていく私たち「買ったら永遠に売らない株投資家」にとっては「企業が**経営理念を有言実行している**」という事実ほど心強いものはありません。

なぜかというと、長期にわたる株の保有期間中には様々な要因によって業績に向かい風が吹く厳しい状況が必ずやってくるわけですが、そのとき、理念のもとに全役職員が一丸となって立ち向かっていくことができる企業ならば、その困難を乗り越えていく可能性が高いからです。

ビジネスは人が担っているものです。

どんなに規模が大きくて複雑なビジネスだとしても、一つ一つの要素を分解し紐解いていけば、最終的には必ず人にたどり着きます。

ビジネスを繁栄させるのも人ならば、反対に衰退させるのも人なのです。

そこで働く人たち一人一人が使命感に燃え、大きな目的のもとに心を通わせて事業を推進していくことができれば、すごいことを成し遂げられます。

素晴らしい技術やアイデアを持つ企業であっても、このような企業文化を醸成することができなければ長期にわたって持続的に繁栄していくことはできないでしょう。

そう、いま企業文化と言いましたが、

「経営理念のもとに全役職員が一丸となり事業に邁進している」

というのは素晴らしい企業文化であり、**長期にわたる成長**を可能にする強力なアドバンテージであり、買ったら永遠に売らない株投資家の大好物でもあるのです。

みなさんがいま調べている企業がこのような文化を持っているかどうか。

しっかりと分析してほしいと思います。

ストーリーを描こう！

さあ、ここまで分析を終えたら、その内容をノートに書きとめておきましょう。

企業名とコード、日付を記入し、定性面と定量面に分けて分析結果を残しておくのです。

定量面に関してはＰＥＲやＲＯＥ等の数字をメモしておけばそれで事足ります。加えてその日の株価をメモしておいてもよいでしょう。

定性面に関しては、これまでみてきた項目ごとに自分がどのような考えを持ったのかをメモしておきます。

そこまで済んだら、いよいよ最後の作業に取りかかりましょう。

それはストーリーを描くこと。


ここまでの分析を終え、知識を増やしたみなさんのなかでは、その企業に対するイメージが固まりつつあることでしょう。

その固まりつつあるイメージをもとに、今後その企業がどのようにして長期的な成長を実現していくのか、**みなさんなりのストーリー**を描いてみるのです。

このとき、複雑で難解なストーリーを描こうとするのはＮＧです。

ストーリーは簡単でよいのです。

・この会社の製品には多くのファンがいる。会社はそれに慢心せず、さらに良い製品を作るという意欲に満ちているから、これからもさらにファンを増やし成長していくだろう
・時代のニーズを読む力が鋭く、それを迅速に実行するという企業文化がある。今のサービスだけではなく、これからもヒットするサービスを生み出し続けていくだろう

要は、そのストーリーが、これまでみなさんが分析してきたことを裏付けとするものであり、頭と心でしっかりと理解できるものであるならば、それが正しいのです。

そのストーリーが、自分なりに真剣に分析、熟考して出した答えであるならば、たとえ他人が反対の意見だったとしてもそれを貫かねばなりません。

株式投資で成功するために必要なことは、**自分の頭で考える**こと。

自分の分析、自分の考え、自分の描くストーリーに自信を持ちましょう。

『きみが正しいかどうかは他人が賛同してくれるかどうかで決まるものではない。きみが正しいのは君の持つ事実と論考が正しいからである』ベンジャミン・グレアム（証券分析の父と呼ばれるアメリカの経済学者・投資家）

【私のビビリ話2】 株価が下がると超こわい！ 売りたくないのに…

投資を始めてまだ間もない頃は、株を買ったらその後何日かは株価の動きに釘付けでした。

買ったその日に株価が上がるとうれしくて、自分には株の才能がある！ などと得意になったりするおバカさんだったのです。今考えると恥ずかしいですね。

こんなおバカさんですから株価が上がれば得意になるのですが、下がれば恐怖を覚えるわけです。

もちろん、経験は浅いなりに一生懸命企業を調べて、よほどのことがない限り売らないぞ！と決めて買った株です。

でもそんなヤワな決意は荒れ狂う株価の前ではまったくの無力でした。

人間の心というものは不思議なもので、株価が少し上がり始めるとこのまま上がっていくと思って安心し、少し下がり始めるとこのままもっと下がっていくかもしれないと思って不安に襲われます。

あれだけ一生懸命に調べて自信もあったのに、株価が上がったり下がったりするだけでなぜ**こんなに気持ちが揺らいでしまう**のか。自分でも不思議でした。

そんな状態ですから、1日中株価のことが気になるわけです。気が付いたらスマホのアプリで株価をチェックしている自分がいる。さっき見たときよりも上がっていればホッとする。下がっていればやばいと思う。

買った株の値段が1か月や半年後に上がっているか下がっているかなんて分かるわけがないし、それは運みたいなものです。

と、今では分かっているのですが、当時はそのことが分からないわけですね。

株価が上がるにしても下がるにしても、それには何か理由があるのだと思ってしまう。特に下がったときにはその思いが強くなります。

自分の知らない何か悪い材料があるからこれだけ下がったのだと。

もちろん、本当に何か悪材料があって株価が下がった可能性はありますが、それはまれなケースといってよく、ほとんどの場合はただの思い込みです。

株価は、とくにこれといった理由もなく上がったり下がったりするものである、というのが真実です。

私は、売らなくてもよい株を売ってしまうということを繰り返して、つまり高い授業料を払って、そのことを学んできました。

高い授業料だったなあ。

本書を読んでくださっているみなさんは、もちろんこんな高い授業料を払う必要はありません。

私のこのビビリ話を反面教師として、**株価変動に動じずに**ドーンと構えていてほしいと思います。

買った株が1年やそこらのあいだ値上がりしなかったとしても、その投資が間違いだったと決めつけるのはまだ早いです。

石の上にも三年というではありませんか。

買った株の値段がなかなか上がらなかったとしても、業績が順調であるならば3年は我慢しても大丈夫です。

業績が順調であれば、**辛抱強く待ってさえいれば**必ず株価は上がります。

心配しなくても大丈夫。

ですがもし、3年たっても株価が下がったままだったら、もしかするとその投資は失敗だったかもしれません。そのときは潔く売却すればよいのです。

株式投資においてミスをしない人はいません。

大事なのはミスをしないことではなく、ミスをしたときにどう対処するかです。

ミスをしたら、そこから学び、次の投資先選びに生かすこと。それができれば、そのミスは成功へとつながるミスになります。

ドーンと構えていきましょう。

第5章では、実践編における最も重要な作業である企業分析の方法について詳しくみてきました。

この作業を終えたいま、残るは実際に株を購入することのみです。

次の最終第6章では、チャートを用いて購入タイミングを見極める方法についてみていくことにしましょう。

第6章

STEP 3
チャートで
買うタイミングを知ろう

6-1

チャートってなに？

チャートは正式には「**株価チャート**」といい、株価の動きを分かりやすくするためにグラフ化して表したものです。

チャートはいわゆる折れ線グラフなのですが、多くの場合、ただの折れ線ではなく株価チャートならではのローソクという記号を用いて表されます。

ローソクとは、1日、1週間、1か月、1年など、任意に設定した単位期間中、最初についた値段を始値（はじめね）、最後についた値段を終値（おわりね）、最も高い値段を高値（たかね）、最も安い値段を安値（やすね）として、それらを1本のローソクのように見立てた棒状の図で表したものです。

ローソクひとつ当たりの期間が1日のものを日足（ひあし）、1週間のものを週足（しゅうあし）、1か月のものを月足（つきあし）、1年のものを年足（ねんあし）と呼んでいます。

ローソク足

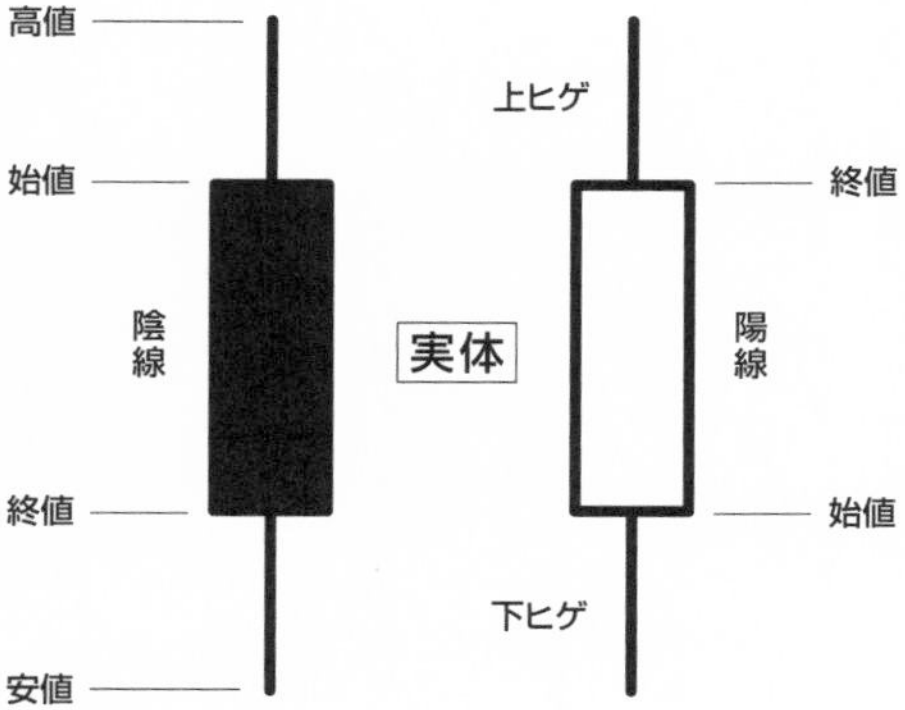

ローソクには2種類あり、始値よりも終値のほうが高い場合を陽線（ようせん）、始値よりも終値のほうが安い場合を陰線（いんせん）といいます。

このローソクを時系列に沿っていくつも並べた形で表されるものをローソク足チャートといい、株価チャートといえば通常はこのことを指します。

チャートを見れば時間の経過とともに株価が**どのように上がったり下がったりしてきたのか**が一目瞭然になりますので、株式投資を行う際には必ず必要なものといってよいでしょう。

チャートはヤフーファイナンス他の一般ウェブサイトで無料で見ることができるほか、ＳＢＩ証券等のネット証券会社に口座を開設していれば、証券会社が提供する高機能チャートも無料で使用することができます。

値動きのイメージをつかもう

チャートを実際に見てみると、なにやらギザギザの線が山を描いたり谷を描いたりしているのがわかると思います。

いろんな企業のチャートを見てみると、それぞれに描くギザギザの形が異なっていることに気付くでしょう。

①山が低くて谷も浅く、ギザギザの幅があまりなくて横1本の線のように見えるもの
②山は高いが谷も深く、ギザギザの幅が大きくて心電図のように見えるもの
③山の高さも谷の深さもほどほどで、中くらいのギザギザが横に走っているもの

これらは、企業によって株価の動き方が違うということを示しています。
①の企業は株価の変動が少なく、一気に上がったり一気に下がったりということがほとんどない。
②の企業は株価の変動が激しく、一気に上がったと思えば一気に下がるということを繰り返している。
③の企業は株価の変動がそれほど激しくなく、適度な上がり下がりを繰り返している。
おおむねこのようなことが読み取れると思います。

このように、購入を検討している株がどのような値動きをするのか、チャートによって**予めそのイメージをつかんでおく**ことによって、購入後に不必要に動揺したり狼狽してしまったりするのを避けることができます。

6-3 トレンドを読み取ろう

そしてもう1つ、とても大事な作業があります。

それはチャートに示されているギザギザからトレンドを読み取るということです。

トレンドというのは株価の動きを**ざっくり見た場合の趨勢**のことで、

・ざっくり見た場合、ギザギザは右上に向かっている（上昇トレンド）
・ざっくり見た場合、ギザギザは右下に向かっている（下落トレンド）
・ざっくり見た場合、ギザギザは真横に向かっている（もみ合い）

おおむねこの3つに大別することができます。

株価はこの3つのステージを繰り返しながら変化していくものなのです。

そして購入するタイミングという観点からすると、ベストな購入タイミングは「下落トレンドが上昇トレンドに変わる瞬間（大底（おおぞこ）といいます）」ということになります。

もし本当に大底で株を買うことができたならば、これから上昇トレンドに入るわけですから、株価が購入価格よりも下がってしまうという心配をすることなく、安心して保有を続けることができるからです。

しかし、残念なニュースがあります。

それぞれのステージがどれくらいの期間継続するのかは誰にも分からないのです。

上昇トレンドが下落トレンドに変わるポイント（天井）、またはその逆で下落トレンドが上昇トレンドに変わるポイント（大底）、もみ合いを脱して上昇トレンドに転じるポイントなど、いわゆる**トレンドの転換点**を予測することは誰にもできません。

チャートを分析する際はこのことを必ず覚えておいてください。

チャートに慣れてくると、トレンドを読み取ることに長けてきて、自分は転換点を予測することができるという錯覚にとらわれる人が少なからず出てくるからです。

「もう少し下がれば上昇トレンドに変わるはずだから、その時点で買おう」

このように考える人は、結局いつまでたっても株

株価のトレンド

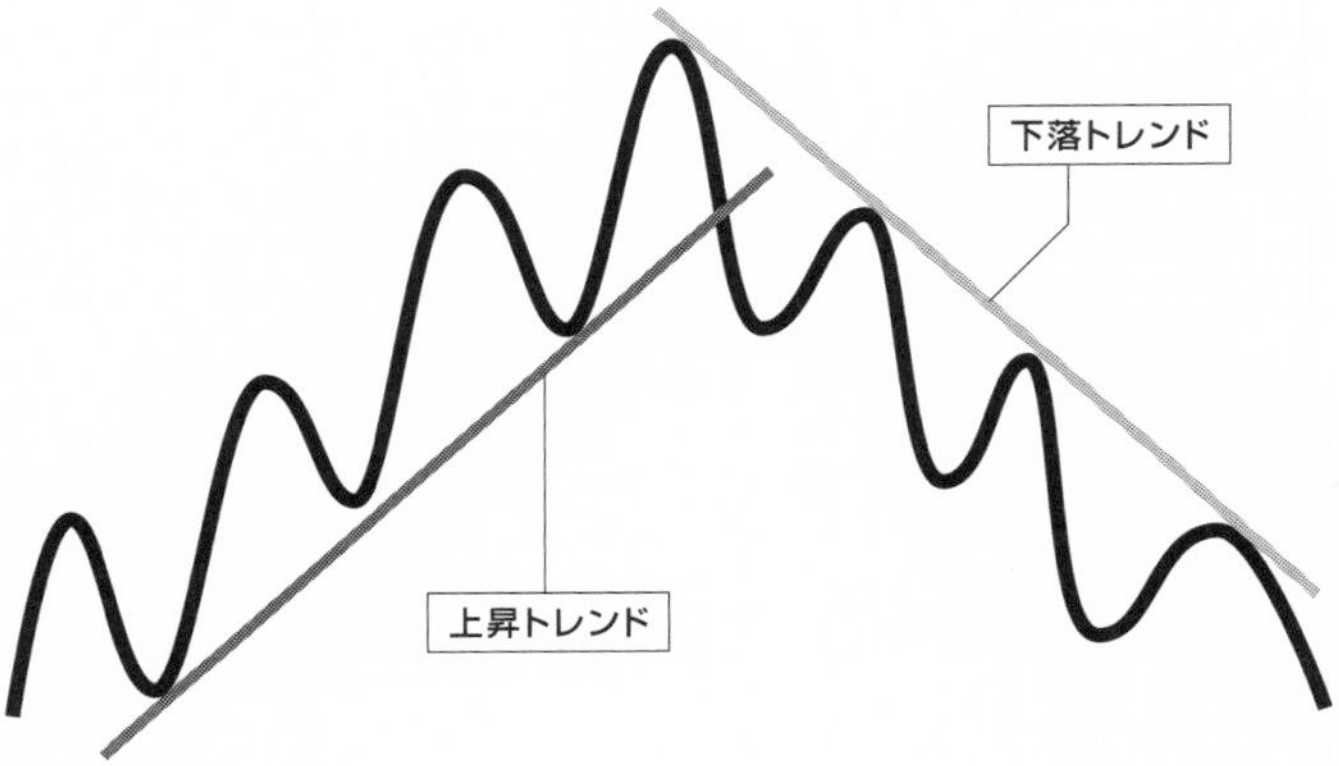

を買うことはできません。

株価がどこで下げ止まるかは誰にも分からないからです。

買った株が値下がりするのは誰だって嫌に決まっていますから、もう下がらないという確信を得てから購入したいと思う気持ちはとてもよく理解できます。私も同じです。

けれども、これまでお話してきたように、そんな確信を得ることなどけっしてできないのです。

それが転換点かどうかは**後になってみてはじめて分かる**ことであり、事前に知ることはできません。

ですから、本書でお伝えしてきた企業分析をきちんと行ったうえで、永遠を目標とした保有に値するとの判断を下したのであれば、チャートに拘泥して機を失してしまう前に、つまり待っているあいだにいつの間にか大底は過ぎ去っていて、株価が上がり始めてしまった、となってしまう前に、素早く購入することが大切です。

避けるべきタイミング

購入するのにベストなタイミングは大底であると分かった。

しかし、大底を予測することは不可能だということも分かった。

では、結局私たちはいつ株を買えばよいのか。

答えは「**最悪のタイミングを除いていつでも**」です。

チャートはその最悪のタイミングを知るためだけに利用するのです。

最悪のタイミングとは「株価が大きく上昇したその直後」です。

チャートを見て、直近で株価が急激に上昇しているようであれば、落ち着くまで購入を見送ります。

急激な上昇後は急激に下落する可能性が高いからです。

それさえ避ければ、あとはいつ株を買ってもかまいません。

上昇トレンドのなかでも、下落トレンドのなかでも、もみ合いのなかでも大丈夫です。

「よし!」と気合を入れて、注文ボタンをクリックすればよいのです。

永遠を目標に保有するのですから、株を買って1か月後、半年後、1年後に株価がどうなろうと気に病むことはありません。

そんなことを気に病む暇があったら、企業の活動や業績をしっかりとフォローし、自分が描いたストーリーに変化はないかを見守り続けることに時間を費やすべきです。

思い出してください。

株価は長期的には必ず企業の業績に追随します。

年度ごとの多少の浮き沈みはあれども、利益が順調に成長しているのであれば株を保有し続けていて大丈夫です。

利益が順調に増大しているにもかかわらず株価が下落することがありますが、それも気にしないで大丈夫。

徹頭徹尾、**株価ではなくビジネスにフォーカスする**こと。

これが、買ったら永遠に売らない株投資法で成功する秘訣です。

【私のビビリ話3】 人の意見が気になる！ 自分とは違う考えがたくさん…

ある企業への投資を検討していて、分析もほぼ終わったくらいのタイミングでした。自分としてはとても前向きで、ほとんど投資を決断したも同然という状況だったのです。そんなとき、何の気なく某株サイトの掲示板を見てみたのが失敗でした。

その掲示板には、私が購入に踏み切ろうと考えている銘柄についてあたかも真実であるかのように自説を振りまく人たちで溢れかえっていたのです。

「3000円以下で買えよ〜」「機関投資家が大量破壊兵器並みの売りを浴びせそう」「ストップ高もありうる」「爆上げしてほしいが材料がない」「見通し悪いから配当も下がるよ」

みんな、私の描くストーリーとはまるで違う自説を自信満々に披露しています。

まあ、そもそも掲示板とはみんなが自由に自説を語り合う場所ですから当然といえば当然なのですが、まだ投資初心者でうぶだった私はてんでバラバラな皆の意見にコロリと影響されてしまったのです。

自分のなかではほぼ購入を決意していたにもかかわらず、自分が一生懸命描いたストーリーとはまるで違う考え方がゴロゴロしているのを目の当たりにしてしまうと、**自分の調査・分析に対する疑念**が生じてきました。

匿名でやり取りされる掲示板のコメントよりも、企業のホームページや会社四季報といった信頼性のある情報源から時間と労力を費やして導き出した自分の意見こそを信頼すべきだと頭では分かっているのです。

しかし人のウワサというものにはどうにも抗いがたい魅力があるようで、一度耳に入れてしまうとその影響から自由になることは難しいというのが現実だと思います。

結局、うぶな私の心は揺らぎに揺らいでしまい、購入を見送ってしまったのです。

その後どうなったのか。

半年くらいはあまり変わらない水準で推移していましたが、それから徐々に上がり始め、1年ほどたった時点では1・5倍くらいにまで値上がりしていました。

もちろん、悔しいです！

あんな掲示板見るんじゃなかった！

後悔の念が押し寄せましたが、このときは何とか気を取り直して1・5倍の値段で株を買いました。初めに描いた**ストーリーに変化がなかった**からです。

この株はその後もじわじわと上昇していき、今でも保有を続けています。

でも「あのとき素早く株を買っていればもっと利益が多かったのに…」という思いはけっこう後々まで引きずったものでした。

この話から学べることとは、

「人の意見に惑わされてはいけない」

ということです。

でも、私たちも人間である以上、それを徹底するのが難しいという場合もあるかもしれません。かたくなに他人の意見を排除し続けるような人間性は褒められたものではありませんし、それでは人間関係にも支障をきたしてしまいますよね。

ですから、私たちがとるべき手段はただ1つ、

「投資の意思決定を終えた後にけっして掲示板を見ない」

ということ！

これなら偏った人間性に陥ることもなく、雑音でしかない意見をまるごと排除することができます。

人の意見に惑わされ、自分の描いたストーリーに対する自信が揺らいでしまうようなことがあれば、そのときはもう一度、第5章の最後から2番目の節「ストーリーを描こう！」を読み返してみてください。

買ったら永遠に売らない株投資法において最も大切なもの「**自分を信じること**」について、きっと認識を新たにすることができると思います。

みなさんのご健闘を心からお祈りしています！

おわりに

人々が株式投資を始める際の動機は、お金である場合がほとんどでしょう。私もそうでした。しかし、今、私が投資を続けている理由は、けっしてお金のためだけではないのです。

私が投資を続けているのは、投資が楽しいからです。株式投資を通して世の中の役に立ったり、自分の知識が増えていったりすることが、たまらなく楽しいのです。お金が増えるのは、そのように投資を楽しんだことの結果なのです。そしてそれはもちろん、最高に楽しいものです！

本書を通じて、このような株式投資の楽しさを読者のみなさんに少しでもお伝えすることができれば、筆者としてこれほどの喜びはありません。

本書が世に出るきっかけを与えてくださった、ぱる出版と本書の出版に関わってくださったすべての皆様に深く感謝いたします。

さいごに、こんなビビリな投資家をいつも温かく見守ってくれる、愛する家族に感謝します。

みんなのおかげで、本書を著すことができました。

みんな、いつもありがとう！

筆者

２０２１年　９月

福山貴義（ふくやま・たかよし）

投資家・投資哲学研究家。1979年神戸生まれ(41歳)。

年収180万円、貯金ゼロ、サラ金からの借金30万円、フリーターという初期ステータス。お金にまったく縁のない状況を打破しようと、1,400冊の金融書籍を朝・昼・晩と読破して夢の中でも猛勉強を続ける。結果“まっとうな株式投資”という考え方にたどり着く。どん底からわずか3年で、十万・百万・千万と、世代平均を大幅に上回る資産を築き、現在も増大中。投資家として活動しながら、一人でも多くの初級者がまっとうな株式投資の恩恵を享受できるよう、その魅力やメリット、楽しさを伝えることをライフワークとしている。

twitter：https://twitter.com/DOC_KOBE

ビビリ投資家《とうしか》が考《かんが》えた、買《か》ったら永遠《えいえん》に売《う》らない株投資法《かぶとうしほう》

2021年11月4日　初版発行

著　者　福　山　貴　義

発行者　和　田　智　明

発行所　株式会社　ぱる出版

〒160-0011　東京都新宿区若葉1-9-16

03(3353)2835－代表　03(3353)2826－FAX

03(3353)3679－編集

振替　東京　00100-3-131586

印刷・製本　中央精版印刷(株)

ISBN978-4-8272-1305-8　C0033